ひかりとシフの

どきどき韓国語

監修：都恩珍

李正子／金昭鍈

설레는 한국어

콩닥콩닥 한국어

두근두근 한국어

朝日出版社

音声サイトURL

http:// text.asahipress.com/free/korean/
hsdokikan/index.html

装丁・イラスト　明昌堂

この本の使い方、そして謝辞

1. 文字編第1課から第8課には、本文にルビがついています。
   以下に説明を記します。

   1）日本語話者にとって似ている音
   平音と激音、ㅓとㅗ（ㅕとㅛ）、ㅜと一の区別はありませんが、濃音は濃音の前に小さい「っ」を挿入しました。
   例 드려요：とうりょ　토스트：とすとう、어서：おそ（오세요：おせよ、누구：ぬぐ）：예쁘다：いぇっぷだ

   2）パッチム
   パッチムは以下のように区別をしました。
   「ㄴ」は「n」、「ㅇ」は「ng」、「ㅁ」は「m」、「ㄹ」は「ル」、「ㄱ」は「k」、「ㅂ」は「p」で表記しました。
   例 선물：そnむル、학생：はkせng、삼겹살：さmぎょpさル

   3）パッチムによる音の変化は発音するように書きました。
   例 부탁합니다：ぶたかmにだ、먹어요：もごよ

2. 文字編は、ハングルを読むことに集中した内容としました。そのため、文法事項の説明や、単語を覚えることは省きました。

3. はじめて登場する単語にはすべて、日本語をつけました。ただし、文字編と文法編は異なる扱いとし、文字編での既出単語も、文法編でのはじめての単語として扱いました。また、練習問題で出てきた単語であっても、本文としてはじめて扱う場合は、語彙と表現で取り上げました。

4. 練習問題の音声は、特に「話す」練習に役立つ例の部分につけました。

5. 韓国語の説明、韓国社会に関する事柄をコラムにまとめました。授業中のひと休みや、学習意欲の向上にお役に立てれば幸いです。

6. 巻末に付録として、単語索引（韓・日、日・韓）、文法索引を掲載しました。
   意味と、最初に登場した課（文字編と文法編）を共に記しました。

　末尾になりましたが、お忙しい中、足りない原稿に丁寧なご指導をしてくださった監修の都恩珍先生と、最後までご苦労いただいた編集の小髙理子さんに感謝いたします。

2020年秋、김소영, 이정자

目 次

各課のポイントと目標

文字編

課	ポイント	この課の目標
1	1. 母音5つ（ㅏ, ㅣ, ㅜ, ㅔ, ㅗ） 2. 子音4つ（ㅇ, ㄴ, ㅁ, ㄹ）	1）初めて会う人とあいさつしましょう 2）はじめてハングルに挑戦！
2	1. 基本母音 2. 基本母音と子音3つの組み合わせ コラム〈清音？濁音？〉	1）私は大学生です 2）ハングルの基本母音10個を覚えましょう
3	1. 子音5つ（ㄱ, ㄷ, ㅂ, ㅈ, ㅅ）	1）ありがとうとさようなら 2）二つの音を持つ子音
4	1. 合成母音1（ㅐ, ㅒ, ㅔ, ㅖ） 2. パッチム1（방, 밤, 반, 발） 3. 連音化1	1）「どこですか？」と聞いてみましょう 2）三種類の「ん」？
5	1. 激音（ㅋ, ㅌ, ㅍ, ㅊ, ㅎ） 2. 合成母音2（와, 워） 3. 日本語のハングル表記	1）お店での注文開始！ 2）自分の名前をハングルで書きます
6	1. パッチム2（박, 받, 밥） 2. 連音化2 3. 合成母音3（왜, 외, 웨, 위, 의） 4. 激音化	1）お誕生日おめでとうございます 2）激音ってどんな音？
7	1. 濃音（까, 따, 빠, 싸, 짜） コラム〈食べ物〉	1）「どうですか？」と聞かれたら？ 2）濃音ってどんな音？
8	1. パッチム3（앙, 안, 암, 알, 악, 앋, 압） 2. 濃音化 3. 漢数詞	1）さあ、食べましょう、でもどうやって？ 2）ハングルの読み方完了！

文法編

課	ポイント	この課の目標
1	1. －는/은「～は」 2. －입니다「～です」 発音の規則〈鼻音化〉 発音の規則〈流音化〉	自己紹介で自分の趣味が言えるようにしましょう。
2	1. －입니까？「～ですか」 2. －가/이 아닙니다「～ではありません」 3. －도「～も」 発音の規則〈濃音化〉 〈指示代名詞について〉	名詞の疑問文を使って質問したり、相手の質問に否定文で答えてみましょう。

ハングルを知ろう！〜文字編に入る前に〜

ハングルって何？

ハングルとは、ハン（偉大な）グル（文字）という意味で、韓国語（朝鮮語）を表記する文字のことです。日本語は平仮名とカタカナと漢字、中国語は漢字で表記するように、韓国語はハングルで表記します。

ハングルの歴史

朝鮮時代の4代目の世宗大王が、当時の文字（漢字）を読めない民のために、誰でも簡単に読める文字が必要だと考え、学者たちと文字を作り、1446年に「訓民正音」という名前で公布したのが「ハングル」の始まりです。

発表された当時はなかなか定着しなかったと言われていますが、たったの24文字の字母（パーツ）でできている合理的な文字（表音文字）なので、今では文字を持たない少数民族にも使用されています。

ハングルのしくみ

ハングルの1文字には必ず子音と母音のパーツがあります。子音と母音は左右になる場合と上下になる場合があります。

組み合わせは下図のように、①子音＋母音、②子音＋母音＋子音、③子音＋母音＋子音＋子音のパターンがあります。

①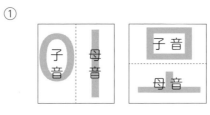

②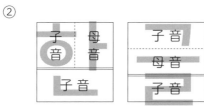

③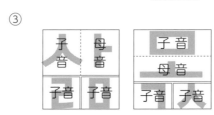

ハングルの子音

子音のパーツは発音されるときに使う部分をかたどって作られています。

たとえば、「ㄴ」という子音は「N」の音で発音されますが、舌の先が上あごにくっつくようすを表しています。

では、「ㄴ」と同じグループの音にはどんな音があるでしょうか。子音の記号は発音と関係があるので、似ている文字が同じグループの音になります。では、「ㄴ」とよく似た構造をもつ「ㄷ」の子音はどんな音でしょうか。ヒントは、「N」と同じく、舌の先が上あごにくっつく音です。

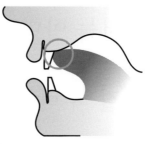

「N」と同じく、舌の先が上あごにくっつく「ㄷ」の子音は［t/d］の音です。

ハングルの母音

母音のパーツは「・」（点）、「一」（横棒）、「｜」（縦棒）で作られています。この三つは各々「天（または太陽）」、「地」、「人」を表していて、これらによって韓国語の母音の特徴を合理的に示すことができます。詳しくは、P.67コラム「陽性母音？陰性母音？」を参照。

語順

語順は基本的に日本語と同じで、「いつ、どこで、誰が、何を、どうした」という順番です。

最近　多くの　　日本人が　　韓国を　　訪れています。
요즘 많은 일본 사람이 한국을 방문합니다.

第 1 課　アンニョンハセヨ？

ふつう
1-2
ゆっくり
1-3

初めて出会った二人

히카리：　안녕하세요?
〔あn にょng は せ よ〕

저는 아마노 히카리입니다.
〔ちょぬn あ ま の ひ か り いm に だ〕

잘 부탁합니다.
〔ちゃる ぷ た かm に だ〕

시 후：　저는 김시후입니다.
〔ちょぬn きm し ふ いm に だ〕

반갑습니다.
〔ぱn がp すm に だ〕

잘 부탁합니다.
〔ちゃる ぷ た かm に だ〕

> ひかり：　こんにちは。
> 　　　　　私は天野ひかりです。
> 　　　　　よろしくお願いします。
> シ フ：　私はキムシフです。
> 　　　　　（お会いできて）うれしいです。
> 　　　　　よろしくお願いします。

🔍 語彙と表現

안녕하세요?	こんにちは	저는	私は
名詞입니다	〜です	잘	よろしく
부탁합니다	お願いします	반갑습니다	（お会いできて）嬉しいです

✋ ポイント1　母音5つ・あいうえお

日本語の「あ」、「い」、「う」、「え」、「お」に相当するハングルを書いてみましょう。子音は「ㅇ」で、音はありません。母音はそれぞれ、'ㅏ'、'ㅣ'、'ㅜ'、'ㅔ'、'ㅗ'で、書き順は、漢字と同様「上から下へ」、「左から右へ」と書きます。「ㅇ」は上から書き始めて時計と反対回りに書きます。

この「ㅇ」は教科書の書体では上の部分に点があるように見えますが、手書きのときには書かないでください。（点は筆書きの始筆の名残りです）

あ	아	日本語の「あ」と同じ			
い	이	日本語の「い」と同じ			
う	우	日本語の「う」より口を丸める			
え	에	日本語の「え」と同じ			
お	오	日本語の「お」より口を丸める			

● 練習1．「う」と「お」はそれぞれ何個ありますか？

아　오　아　이　우　아　에　오

이　우　에　오　에　이　오　우

오　아　이　에　아　우　아　이

「う」＿＿＿＿個　　「お」＿＿＿＿個

● 練習2．読んでみましょう
1-4

1）아이　　　　　　　　　2）에이

3）아오　　　　　　　　　4）우아

5）오이　　　　　　　　　6）우에

● 練習3．次の日本語をハングルで書いてみましょう

1）愛（あい）　＿＿＿＿＿＿＿　　2）上（うえ）　＿＿＿＿＿＿＿

3）青（あお）　＿＿＿＿＿＿＿　　4）おい　＿＿＿＿＿＿＿

👆 ポイント**2**　子音1（4つ）

次の3つの子音を、'ㅏ'、'ㅣ'、'ㅜ'、'ㅔ'、'ㅗ'の母音と一緒に書いてみましょう。

ㅇ	のどを開いて、母音の口に合わせて「ア行」の発音をする。	아	이	우	에	오
ㄴ	舌を前歯の裏辺りにしっかりつけて「ナ行」の発音をする。					
ㄹ	舌の先を上あごにつけて「ラ行」の発音をする。					
ㅁ	唇をしっかり閉じて「マ行」の発音をする。					

● 練習4．読んでみましょう 🎧 1-5

1) 마에　　　　　　　2) 누노
3) 이누　　　　　　　4) 모리
5) 노리　　　　　　　6) 나라

● 練習5．次の日本語をハングルで書いてみましょう

1) 色　　　　　　　　　　2) メモ
3) 無理　　　　　　　　　4) あられ
5) ぬりえ　　　　　　　　6) 丸い

● 練習6．音声を聞いてたどってみましょう 1-6

スタート！ ⇨

우	미	에	니	라	오	무
모	마	누	리	에	우	메
이	니	무	로	이	레	루
미	레	아	노	에	나	아
리	노	모	아	루	네	라
네	루	나	누	메	로	누
오	이	에	리	모	라	미

ゴール！

これから韓国語を始める皆さんに、日本語とは異なるハングルのルールを説明します。

1）分かち書き

韓国語は「分かち書き」をします。品詞別にスペースを空けて書きますが、
名詞と助詞、語幹と語尾はくっ付けて書きます。

例 공원에서　친구와　도시락을　먹습니다.
　　　公園で　　友達と　　お弁当を　　食べます。

2）左に子音、または上に子音

ハングルを知ろう！（P.2）でも説明したように、ハングルの特徴は、子音と母音のパーツがセットになって一つの文字を構成することですが、なぜ子音を左に、または上に書くのか、考えてみましょう。

「も」という音を出すとき、「M」の子音と「O」の母音の二つの音が出ていて、音が混ざっているため意識していませんが、実は子音の「M」が少し先に出され、続いて母音の「O」が出されます。ハングルは、左から右へ、上から下へ書くので、先に発音する「M」の子音を先に書きます。つまり、子音が先に発音されるため、左にまたは上に子音を書きます。

3）ハングルの母音

文字編の第1課では、ハングルで日本語の「あいうえお」の5つを学びましたが、ハングルには、基本母音が10個、合成母音が11個、合わせて21個の母音があります。さぞかし複雑な難しい音があるんだろうと思っている方！安心してください。一つを除けば、日本語にも存在する音です。まずは文字編の第2課で基本母音の10個を学んでいきましょう。

私は大学生です

ふつう
1-7
ゆっくり
1-8

히카리: <ruby>안<rt>あn</rt></ruby> <ruby>녕<rt>にょng</rt></ruby> <ruby>하<rt>は</rt></ruby><ruby>세<rt>せ</rt></ruby><ruby>요<rt>よ</rt></ruby>?

<ruby>저<rt>ちょ</rt></ruby><ruby>는<rt>ぬn</rt></ruby> <ruby>아<rt>あ</rt></ruby><ruby>마<rt>ま</rt></ruby><ruby>노<rt>の</rt></ruby> <ruby>히<rt>ひ</rt></ruby><ruby>카<rt>か</rt></ruby><ruby>리<rt>り</rt></ruby><ruby>입<rt>いm</rt></ruby><ruby>니<rt>に</rt></ruby><ruby>다<rt>だ</rt></ruby>.

<ruby>학<rt>はk</rt></ruby><ruby>생<rt>せng</rt></ruby><ruby>입<rt>いm</rt></ruby><ruby>니<rt>に</rt></ruby><ruby>다<rt>だ</rt></ruby>.

김시후: <ruby>저<rt>ちょ</rt></ruby><ruby>는<rt>ぬn</rt></ruby> <ruby>김<rt>きm</rt></ruby><ruby>시<rt>し</rt></ruby><ruby>후<rt>ふ</rt></ruby><ruby>입<rt>いm</rt></ruby><ruby>니<rt>に</rt></ruby><ruby>다<rt>だ</rt></ruby>.

<ruby>저<rt>ちょ</rt></ruby><ruby>는<rt>ぬn</rt></ruby> <ruby>대<rt>て</rt></ruby><ruby>학<rt>はk</rt></ruby><ruby>생<rt>せng</rt></ruby><ruby>입<rt>いm</rt></ruby><ruby>니<rt>に</rt></ruby><ruby>다<rt>だ</rt></ruby>.

<ruby>히<rt>ひ</rt></ruby><ruby>카<rt>か</rt></ruby><ruby>리<rt>り</rt></ruby> <ruby>씨<rt>し</rt></ruby><ruby>도<rt>ど</rt></ruby> <ruby>대<rt>て</rt></ruby><ruby>학<rt>はk</rt></ruby><ruby>생<rt>せng</rt></ruby><ruby>입<rt>いm</rt></ruby><ruby>니<rt>に</rt></ruby><ruby>까<rt>か</rt></ruby>?

ひかり： こんにちは。
　　　　 私は天野ひかりです。
　　　　 学生です。
シ　フ： 私はキムシフです。
　　　　 私は大学生です。
　　　　 ひかりさんも大学生ですか？

語彙と表現

学생	学生	대학생	大学生
名前 씨	～さん	名詞도	～も
名詞입니까?	～ですか		

👆 ポイント 1　基本母音

この課ではハングルの基本母音10個を学びます。日本語は母音が5つですが、韓国語は10個あり、「え」は基本母音に含まれません。'ㅇ'の子音と共に読みながら書いてみましょう。

🎧 1-9

아	日本語の「あ」と同じ					
야	日本語の「や」と同じ					
어	□を縦に開いて「お」					
여	□を縦に開いて「よ」					
오	□を尖らせて「お」					
요	□を尖らせて「よ」					
우	□を尖らせて「う」					
유	□を尖らせて「ゆ」					
으	□を横に引っ張って「う」					
이	日本語の「い」と同じ					

参考 基本母音には、에 がありません。

● 練習1. 読んでみましょう
🎧 1-10

1) 아야　痛い！

2) 여우　きつね

3) 여유　余裕

4) 이유　理由

● 練習2. 読んでみましょう
🎧 1-11

1) 아 오 우

2) 우 으 이

3) 야 여 유

4) 아 어 으

ポイント2 | **基本母音＋子音3個の組み合わせ**

前回習った3つの子音と10個の基本母音を共に読みながら書いてみましょう。
1-12

ㅇ	아	야	어	여	오	요	우	유	으	이
ㄴ										
ㄹ										
ㅁ										

 練習3. 読んでみましょう
1-13

1) **나라** 国
2) **우리** 私たち
3) **마루** 板の間
4) **머리** 頭
5) **너무** とても
6) **어느** どの
7) **어머나** あらま
8) **어머니** 母

● 練習4. 韓国語と日本語を線で結んでみましょう

1) **이유** ●　　　● 余裕
2) **무리** ●　　　● 理由
3) **유료** ●　　　● 無理
4) **여유** ●　　　● 有料

 練習5. 読んでみましょう
1-14

1) **우유** 牛乳
2) **아뇨** いいえ
3) **요리** 料理
4) **유리** ガラス
5) **유머** ユーモア
6) **모녀** 母と娘（母女）

● 練習 6．読みながら書いてみましょう
1-15

어머니 母				
아뇨 いいえ				
요리 料理				
우리 わたしたち				

● 練習 7．音声を聞いてチェックしてみましょう
1-16

1）□ 아 뇨 　　□ 아 뉴 　2）□ 유 료 　　□ 요 료

3）□ 나 무 　　□ 너 무 　4）□ 유 리 　　□ 요 리

5）□ 하 하 하 　□ 허 허 허 　6）□ 으 흐 흐 　□ 우 후 후

● 練習 8．日本語の「あ」、「い」、「う」、「え」、「お」に相当するハングルを思い出して、
　　　　　次の日本語をハングルで書いてみましょう

1）　いも

2）　奈良

3）　うに

4）　ミリ

5）　目盛り

6）　ぬりえ

7）　名前

8）　ものまね

9）　ムニエル

10）　お見合い

ありがとうございます

プレゼントをもらって

히카리 : 시후 씨, 이거 감사합니다.
<ruby>し ふ っし い ご かm さ はm に だ</ruby>

시 후 : 천만에요.
<ruby>ちょn ま ね よ</ruby>

히카리 : 내일 학교에서 봐요.
<ruby>ね いル はk きょ え そ ぷぁ よ</ruby>

시 후 : 네, 그래요.
<ruby>ね く れ よ</ruby>

안녕히 가세요.
<ruby>あn にょng ひ か せ よ</ruby>

> ひかり： シフさん、これありがとう。
> シ フ： どういたしまして。
> ひかり： 明日、学校で会いましょう。
> シ フ： はい、そうしましょう。
> さようなら。

🔍 **語彙と表現**

이거	これ	감사합니다	ありがとうございます
천만에요	どういたしまして	내일	明日
학교에서	学校で	봐요	会いましょう
네	はい	그래요	そうしましょう
안녕히 가세요	さようなら		

👆 ポイント1　清音と濁音を持つ子音（4つ）と清音しか持たない子音（1つ）

この課では子音'ㄱ'、'ㄷ'、'ㅂ'、'ㅈ'、'ㅅ'の5つを学びます。'ㄱ'には/k/と/g/、'ㄷ'には/t/と/d/、'ㅂ'には/p/と/b/、'ㅈ'には/ch/と/j/の**二つの音**があります。同じ文字ですが、語頭では清音/k/、/t/、/p/、/ch/、語中・語末では濁音/g/、/d/、/b/、/j/で発音します。ただし、'ㅅ'には/s/の**一つの音**しかありません。読みながら書いてみましょう。

🎧 1-19

	ㅏ	ㅑ	ㅓ	ㅕ	ㅗ	ㅛ	ㅜ	ㅠ	ㅡ	ㅣ
ㅇ	아	야	어	여	오	요	우	유	으	이
ㄱ					고					
ㄷ										디
ㅂ			버							
ㅈ										즈
ㅅ		샤								

● 練習1. 読んでみましょう 🎧 1-20

1）**기사**　　記事
2）**부모**　　両親（父母）
3）**도시**　　都市
4）**거리**　　距離
5）**자리**　　席
6）**다시**　　もう一度
7）**주세요**　　ください
8）**보세요**　　見てください

● 練習2. 読みながら書いてみましょう 1-21

기사 記事			다시 もう一度		
부모 両親			소녀 少女		
주세요 ください			보세요 見て下さい		

● 練習3. 読んでみましょう
1-22

1)	요가	ヨガ		2)	누구	誰
3)	어디	どこ		4)	야구	野球
5)	모자	帽子		6)	뮤비	ミュージックビデオ
7)	아버지	父		8)	라디오	ラジオ

● 練習4. 韓国語と日本語を線で結んでみましょう

1) 名古屋　　　●　　　　　●　우메다

2) 黒部 (富山)　●　　　　　●　야마나시

3) 梅田　　　　●　　　　　●　구로베

4) 山梨　　　　●　　　　　●　사세보

5) 宇治 (京都)　●　　　　　●　우지

6) 佐世保 (長崎)　●　　　　●　나고야

● 練習5. どこの都市でしょう？　読みながら書いてみましょう

우오누마			지바		
가고시마			게로		
마이바라			도바		

● 練習6. 読んでみましょう
1-23

1)	고기	肉		2)	구두	革靴
3)	바다	海		4)	바지	ズボン
5)	두부	豆腐		6)	고구마	サツマイモ
7)	저고리	チョゴリ(伝統服の上着)	8)	기다려요	待っています

● 練習7．日本語と韓国語は似ている単語がたくさんありますが、下記の韓国語の意味を
枠内の日本語から選んでみましょう

🎧 1-24

1） **유료**　　　2） **가수**　　　3） **도로**

4） **서기**　　　5） **무료**　　　6） **지구**

7） **도시**　　　8） **주소**　　　9） **조미료**

> 住所　　道路　　歌手　　地球　　調味料
> 無料　　都市　　書記　　有料

＊正解はP.19にあります。

参考 合成母音の紹介

'え'のグループ 아, 야, 어, 여に ㅣ	오のグループ 오に ㅏ, ㅐ, ㅣ	우のグループ 우に ㅓ, ㅔ, ㅣ	의のグループ 으に ㅣ
애　애　에　예	와　왜　외	워　웨　위	의

コラム　清音？濁音？

日本語の濁音からはじまる単語のうち、擬態語には、ざらざら（さらさら）、ごろご
ろ（ころころ）、のように違和感のある感じや大きい音などを表す性質があります。
同時に、小だぬき、前髪、のように接頭語がつくことによって濁音化する性質もあ
ります。ハングルの場合は、そのような意味はなく、語頭の場合は清音、それ以外
は濁音という法則ですが、それは読み易さから生まれた法則だと考えられます。小
たぬきと小だぬき、どちらが読み易いですか？

第 **4** 課

どこですか？

ふつう
1-25

ゆっくり
1-26

写真を見せながら

히카리: 여기 어디예요?
_よ_ぎ _お_{でぃ}_え_よ

시 후: 남산이에요.
_なm _さ_に_え_よ

히카리: 이 사람 누구예요?
_い _さ_らm _ぬ_ぐ_え_よ

시 후: 여동생이에요.
_よ _どng_せng_い _え _よ

히카리: 학생이에요?
_はk _せng_い _え _よ

시 후: 고등학생이에요.
_こ _どng _はk _せng_い _え _よ

> ひかり： ここはどこですか？
> シ フ： 南山です。
> ひかり： この人は誰ですか？
> シ フ： 妹です。
> ひかり： 学生ですか？
> シ フ： 高校生です。

語彙と表現

여기	ここ	어디	どこ
名詞예요(?)	～です(か)	남산	南山
名詞이에요	～です	이 -	この～
사람	人	누구	誰
여동생	妹	고등학생	高校生

ポイント1 合成母音1

基本母音に、異なる母音を足したものを**合成母音**といいます。この課で学ぶ4つの合成母音は基本母音아，야，어，여に'ㅣ'を足したものです。

1-27

애	日本語の「え」より口を大きく開いて発音する。(아 + ㅣ)				
얘	日本語の「いぇ」より口を大きく開いて発音する。(야 + ㅣ)				
에	日本語の「え」のように発音する。(어 + ㅣ)				
예	日本語の「いぇ」のように発音する。(여 + ㅣ)				

参考 에は第1課ですでに学びました。

参考 애と에，얘と예はそれぞれ同じ音で発音しても構いませんが、つづりには気をつけましょう。

● 練習1. 読んでみましょう 　1-28

1) **개**　　犬
2) **네**　　はい
3) **노래**　　歌
4) **어제**　　昨日
5) **배우**　　俳優
6) **메뉴**　　メニュー
7) **가게**　　お店
8) **얘기**　　話

● 練習2. 読みながら書いてみましょう　1-29

노래 歌				
메뉴 メニュー				
가게 お店				

● 練習3. 下線部に言葉を入れて、話してみましょう

가 : 어디예요?　　　　どこですか?

나 : ＿＿＿＿＿예요.　　　～です

1) **야마나시**　　2) **아오모리**　　3) **나가노**

● 練習4．下線部に言葉を入れて、話してみましょう

가 : 누구예요?　　　　　　　だれですか？

나 : ＿＿＿＿＿＿＿＿＿예요.　　　～です

1）**어머니** 母　　2）**아버지** 父　　3）**누나** 男性からみた姉

👆 **ポイント2**　　**パッチム1**

子音＋母音の下についた子音を**パッチム**といいます。
1-30

ㅇ , ㅁ , ㄴ のパッチムは日本語の「ん」で表記される。ㄹ のパッチムは、日本語の小さい「る」のように聞こえるが、母音がないので注意すること。			
방	のどを絞めるように「ん」 「三回」のときの「ん」 英語の「ŋ」だが、gの音はしない	**밤**	唇を合わせて「ん」 「さんま」のときの「ん」 英語の「m」
반	舌の先を歯の裏につけて「ん」 「サンタ」のときの「ん」 英語の「n」	**발**	舌の先を上あご（口の天井）につけて「る」と言うときに、舌を上げたまま音を止める

● 練習5．読んでみましょう
1-31

ㅇ	강／川　방／部屋　동생／弟、妹	ㅁ	몸／体　밤／夜　지금／今
ㄴ	산／山　반／半　언니／姉	ㄹ	술／酒　물／水　오늘／今日

● 練習6．読みながら書いてみましょう
1-32

동생 弟、妹				
산 山				
지금 今				
물 水				

● 練習7. 読んで意味を考えてみましょう 1-33

1) 우동　　2) 계산　　3) 불고기

4) 암기　　5) 신문　　6) 갈비

＊正解はP.23にあります。

● 練習8. 下線部に言葉を入れて、話してみましょう

가 : 어디 가요?　　　　どこ（に）行きますか?

나 : ＿＿＿＿＿ 가요.　　〜（に）行きます。

1) 노래방 カラオケ　　2) 서울 ソウル　　3) 부산 プサン

👆 ポイント3　　連音化1

パッチムの次の子音が‘ㅇ’の場合、そのパッチムは次の子音‘ㅇ’の位置に移動して読みます。それを**連音化**といいます。

書くときは 단어（単語）→ 読むときは 다너 1-34

ただし、‘ㅇ’のパッチムは、音が移動しません。

書くときも 고양이（ねこ）→ 読むときも 고양이 [koyaŋi]

● 練習9. 読んでみましょう 1-35

1) **노래방이에요.** カラオケです。　2) **서울이에요.** ソウルです。

3) **부산이에요.** プサンです。　4) **강남이에요.** カンナムです。

● 練習10. 下線部に言葉を入れて、話してみましょう

가 : 어디예요?　　　　どこですか?

나 : ＿＿＿＿＿ 이에요.　　〜です

1) 대만 台湾　　2) 브라질 ブラジル　　3) 명동 明洞

参考 「〜です」には、‘예요’と‘이에요’があり、パッチムのない名詞には‘예요’、パッチムのある名詞には‘이에요’を使います。

P.15 練習7の答え
1) 有料　2) 歌手　3) 道路　4) 書記　5) 無料　6) 地球　7) 都市　8) 住所　9) 調味料

19

いらっしゃいませ

ふつう 🎧 1-36
ゆっくり 🎧 1-37

かき氷を注文する二人

점　원 : 어서 오세요. 뭘 드려요?
<small>おそ おせよ　むぉ ㄹ とぅりょ よ</small>

히카리 : 여기는 뭐가 맛있어요?
<small>よ ぎぬn むぉ が　ましっそ よ</small>

점　원 : 망고 빙수 한번 드셔 보세요.
<small>まng ご びng す はn ぼn とぅしょ ぼ せ よ</small>

시　후 : 그럼 망고 빙수하고
<small>く ろm まng ご びng す は ご</small>

인절미 토스트 주세요.
<small>いn じょ ルみ　と すとぅ ぢゅ せ よ</small>

店　員 : いらっしゃいませ。何になさいますか？
ひかり : ここは何がおいしいですか？
店　員 : マンゴー氷を一度召し上がってみてください。
シ　フ : では、マンゴー氷と
　　　　 きな粉餅トーストください。

🔍 語彙と表現

어서 오세요	いらっしゃいませ	뭘 드려요？	何になさいますか？
名詞는	〜は	뭐	何
名詞가	〜が	맛있어요(?)	おいしいです（か?）
망고 빙수	マンゴーかき氷	한번	一度
드셔 보세요	召し上がってみてください	그럼	では
名詞하고	〜と	인절미 토스트	きな粉餅トースト
주세요	ください		

ポイント1　激音

息を強くはきながら発音する子音を**激音**といいます。日本語の清音と似ていますが、語頭の清音ではなく、語中・語末の清音が韓国語の激音に近いです。「ㅎ」の音は平音として扱う本もありますが、ここでは激音として学びます。読みながら書いてみましょう。

1-38

	ㅏ	ㅑ	ㅓ	ㅕ	ㅗ	ㅛ	ㅜ	ㅠ	ㅡ	ㅣ
ㅋ							쿠			
ㅌ		탸								
ㅍ						표				
ㅊ				쳐						
ㅎ										히

● 練習1．読んでみましょう　1-39

1) **차**　お茶
2) **표**　チケット、切符
3) **휴가**　休暇
4) **커피**　コーヒー
5) **카페**　カフェ
6) **마트**　マート
7) **티슈**　ティッシュ
8) **고추**　唐辛子

● 練習2．次の語群の中から単語を選んで書いてみましょう

> 카페　고추　커피　티슈　휴가　차

1) お茶 _____
2) ティッシュ _____
3) コーヒー _____
4) 休暇 _____
5) 唐辛子 _____
6) カフェ _____

● 練習3．読んでみましょう　1-40

1) **김치**　キムチ
2) **컴퓨터**　コンピューター
3) **콘서트**　コンサート
4) **지하철**　地下鉄
5) **고추장**　コチュジャン
6) **스마트폰**　スマートフォン

👆 ポイント2 | 合成母音2

この課では、11個ある合成母音のうち、二つを学びます。読みながら書いて覚えましょう。
（すでに4つ‘애’‘얘’‘에’‘예’は学習済み）

1-41

와	오に ㅏ を加えたもの 日本語の「わ」					
워	우に ㅓ を加えたもの 日本語の「うぉ」					

● 練習4．読んでみましょう
1-42

1) **와요**   来ます
2) **뭐예요？**   何ですか？
3) **배워요**   習います
4) **교과서**   教科書

● 練習5．次の地名（日本語）を韓国語表記したものと線で結んでみましょう

1) 愛知 ●　　　● **후쿠시마**

2) 福島 ●　　　● **아이치**

3) 横浜 ●　　　● **히로시마**

4) 沖縄 ●　　　● **구마모토**

5) 熊本 ●　　　● **요코하마**

6) 広島 ●　　　● **오키나와**

● 練習6．下線部を入れかえて話してみましょう

1-43

가 : **뭘 드려요？**   何になさいますか？

나 : **커피 주세요．**   コーヒーください。

가 : **잠시만 기다리세요．**   少々お待ちください。

1) **아이스크림** アイスクリーム　　2) **코코아**   ココア

3) **허브티**   ハーブティー

👆 ポイント**3**　日本語のハングル表記

ハングルを使って日本人の名前や、日本の地名を表記する場合にはいくつかの規則があります。たとえば、日本語ネイティブが一番区別しにくい発音の一つに、'ㅓ'と'ㅗ'がありますが、日本語の'お'をハングルで表記するときには、'ㅗ'を使います。また、'う'には'ㅜ'と'ㅡ'の二つがありますが、基本的には'ㅜ'を使い、'つ'、'す'、'づ／ず'の場合のみ、'ㅡ'を使います。(詳しくはP.36の表を参照のこと)

外来語のハングル表記は、韓国にある「国立国語院」が決めますが、最近ではインターネットなどで、それ以外のハングル表記が出回っているのが実情です。たとえば、国立国語院の表記法では、'つ'を'쓰'と表記するのに対し、'쯔'や'츠'も使われています。いずれにせよ多様な表現が存在するということは、日本でハングルを使う人が増えているあらわれではないでしょうか。日本と韓国、お互いに新しい面を見つけていけるといいですね。

1) 　語中・語末の清音は激音を使う： 아키타 / 秋田, 아이치 / 愛知

2) 　語頭の濁音は平音を使う： 기후 / 岐阜, 긴자 / 銀座

3) 　つ： 마쓰 (츠) 모토 / 松本, 하마마쓰 (츠) / 浜松

4) 　す： 요코스카 / 横須賀, 스가모 / 巣鴨

5) 　ず・づ： 시즈오카 / 静岡, 오차노미즈 / 御茶ノ水

6) 　ざ行： 미야자키 / 宮崎, 가나자와 / 金沢

7) 　ん： 센다이 / 仙台, 니혼바시 / 日本橋

8) 　長音： 도쿄 / 東京, 오사카 / 大阪

9) 　わ： 오키나와 / 沖縄, 이와테 / 岩手

10) 「っ」： 욧카이치 / 四日市, 벳푸 / 別府

⚫ 書いてみましょう

自分の名前　--

住んでいる都市　--

P.19 練習**7**の答え
1）うどん　2）計算　3）プルコギ　4）暗記　5）新聞　6）カルビ

お誕生日おめでとうございます

ふつう
🎧 1-44
ゆっくり
🎧 1-45

シフの誕生日

히카리: 생일 축하해요.
<small>せ_{ng}いル ちゅかへよ</small>

시 후: 고마워요.
<small>こ まうぉよ</small>

히카리: 이거 선물이에요.
<small>いご そ_nむりえよ</small>

열어 보세요.
<small>よろ ぼせよ</small>

시 후: 와! 좋다. 정말 고마워요.
<small>わ ちょた ちょ_{ng}まル こ まうぉよ</small>

ひかり： 誕生日おめでとう。
シ フ： ありがとう。
ひかり： これ、プレゼントです。
　　　　開けてみてください。
シ フ： わあ、すごい。本当にありがとう。

🔍 語彙と表現

생일	誕生日	축하해요	おめでとうございます
고마워요	ありがとうございます	선물	プレゼント
열어 보세요	開けてみてください	와!	わあ！
좋다	よい	정말	本当に

👆 ポイント1　パッチム2

子音＋母音の下についた子音を**パッチム**といいます。

1-46

> ㄱ，ㄷ，ㅂのパッチムは日本語の小さい「っ」のように聞こえる（つまるパッチム）。
> しかし、3つは違う音として認識する。

박	のどに何かがつまったように小さく「っ」 「錯覚」のときの「っ」 英語の「k」に近い音	받	舌の先を歯の裏につけて小さい「っ」 「やった！」のときの「っ」 英語の「t」に近い音
밥	唇を合わせて小さく「っ」 「葉っぱ」のときの「っ」 英語の「p」に近い音		

● 練習1．読んでみましょう

1-47

ㄱ	책 本　　　약 薬　　　역 駅
ㄷ	곧 すぐ
ㅂ	집 家　　　밥 ご飯　　　입 口

● 練習2．読みながら書いてみましょう

1-48

책 本		역 駅	
곧 すぐに		집 家	

👆 ポイント2　連音化2

パッチムの次の子音が‘ㅇ’の場合、そのパッチムは‘ㅇ’の位置に移動して読みます。それ
を**連音化**といいます。

書くときは 집이（家が） → 読むときは 지비

1-49

この場合、‘ㅂ’のパッチムは、‘이’と結合して濁音で読みます。

同様に 역에（駅に）は、読むときには 여게 になります。

● 練習3．読んでみましょう

1-50

1) **책이에요.**　　本です。

2) **지갑이에요.**　財布です。

3) **공책이에요.**　ノート です。

4) **컵이에요.**　　コップです。

● 練習４. 下線部に言葉を入れて、話してみましょう

가：어디예요?　　　　　　　どこですか？　　　　어디 / どこ

나：＿＿＿＿＿＿＿ 이에요.　　～です

1）　한국　韓国　　　2）　집　家　　　3）　오사카역　大阪駅

👆 ポイント3　　合成母音3

基本母音に、さらに別の母音を加えたものを**合成母音**といいます。ここで学ぶ5つの合成母音は、오，우，으 の三つの母音の右側に ㅐ，ㅔ，ㅣ の母音を加えたものです。合成母音は、すでに学んだ、와，워（5課ポイント2）、애，얘，에，예（4課ポイント1）とあわせて11個です。

1-51

왜	오に ㅐ を加えたもの、日本語の「うぇ」			
외	오に ㅣ を加えたもの、日本語の「うぇ」			
웨	우に ㅔ を加えたもの、日本語の「うぇ」			
위	우に ㅣ を加えたもの、日本語の「うぃ」			
의	으に ㅣ を加えたもの、口を横に引いて短く「う」の後に「い」			

参考　왜，외，웨は、同じ発音で大丈夫です。ただし、単語のつづりは異なるので正確に覚えてください。

参考　오に ㅔ が加わったり、우に ㅐ が加わることはありません。注意しましょう。

● 練習5. 読んでみましょう
1-52

와：	워：	의：
来ます　ワッフル　教科書 와요, 와플, 교과서	暑いです　寒いです　学んでいます 더워요, 추워요, 배워요	注意　あんたの　意味 주의, 너의, 의미

왜：	웨：
豚　どうして？　いいですか？ 돼지, 왜요? 돼요?	ウエハース　セーター　ウェイター 웨하스, 스웨터, 웨이터

외：	위：
外国　会社　最高 외국, 회사, 최고	位置　趣味　はさみ 위치, 취미, 가위

'의' の発音は3種類
①語頭：의
②語中、子音あり：이
③助詞〜の：에

● 練習6. 読みながら書いてみましょう
1-53

와요 <small>来ます</small>				
배워요 <small>学びます</small>				
왜요? <small>どうして？</small>				
외국 <small>外国</small>				
취미 <small>趣味</small>				

👆 ポイント4　　激音化

ㅎが［ㄱ, ㄷ, ㅂ, ㅈ］の前後に来ると、発音が激音に変わります。
1-54

ㄱ ＋ ㅎ → ㅋ　⇒　축 ＋ 하 （祝賀）　（発音は 추카）

ㅂ ＋ ㅎ → ㅍ　⇒　입 ＋ 학 （入学）　（発音は 이팍）

ㅎ ＋ ㄷ → ㅌ　⇒　좋 ＋ 다 （よい）　（発音は 조타）

ㅎ ＋ ㅈ → ㅊ　⇒　넣 ＋ 자 （入れよう）（発音は 너차）

● 練習7. 次の単語の発音を例のように書き、読んでみましょう
1-55

例 녹화　　録画　　→　노콰

1) 좋다　　よい　　→　＿＿＿＿＿＿

2) 부탁해요 お願いします →　＿＿＿＿＿＿

3) 그렇지 そうだよ →　＿＿＿＿＿＿

4) 백화점　　デパート　　→　＿＿＿＿＿＿

これ、どうですか？

仲良くなる二人

시 후: 히카리 씨, 이거 어때요?
<small>ひ か り っし い ご おって よ</small>

히카리: 진짜 예쁘다. 비싸요?
<small>ちnっちゃ いぇっぷ だ ぴっさ よ</small>

시 후: 아뇨, 싸요. 히카리 씨, 가지세요.
<small>あ にょ っさ よ ひ か り っし か じ せ よ</small>

히카리: 고마워요. 그런데 시후 씨,
<small>こ ま うぉ よ く ろn で し ふ っし</small>

오늘 바빠요? 저녁 어때요?
<small>お ぬル ぱっぱ よ ちょにょk おって よ</small>

> シ フ：ひかりさん、これどうですか？
> ひかり：本当にきれい。高いですか？
> シ フ：いいえ、安いです。ひかりさん、どうぞ。
> ひかり：ありがとう（ございます）。ところでシフさん、
> 　　　　今日忙しいですか？ 夕食（ご一緒に）どうですか？

🔍 語彙と表現

어때요?	どうですか？	진짜	本当に
예쁘다	きれいだ	비싸요?	(値段が)高いですか？
아뇨	いいえ	싸요	安いです
가지세요	もらってください＝どうぞ	오늘	今日
바빠요?	忙しいですか？	저녁	夕ご飯

👆 ポイント**1**　　濃音

のどに力を入れて息をほとんど出さずに発音する子音を**濃音**といいます。日本語では、促音（小さい「つ」）の次に出される音が濃音になります。ハングルでは、ㄱ，ㄷ，ㅂ，ㅅ，ㅈの子音字をそれぞれ二つずつ書きます。「しっかり」を「sikkari」とローマ字で日本語を表記するのと似ていると思いませんか？

1-58

까	「しっかり」のときの「っか」	따	「ぜったい」のときの「った」
빠	「やっぱり」のときの「っぱ」	싸	「あっさり」のときの「っさ」
짜	「ぽっちゃり」のときの「っちゃ」		

濃音の子音を基本母音と一緒に読みながら書いてみましょう。
'ㄲ'は'ㄱ'を二つ書くこと。漢字の刀（かたな）ではありません。

1-59

	ㅏ	ㅑ	ㅓ	ㅕ	ㅗ	ㅛ	ㅜ	ㅠ	ㅡ	ㅣ
ㄲ					꼬					
ㄸ										띠
ㅃ			뻐							
ㅆ		싸								
ㅉ								쮸		

29

● 練習 1 . 読みながら書いてみましょう
1-60

ㄱ のグループ			ㄷ のグループ			ㅂ のグループ		
平音	激音	濃音	平音	激音	濃音	平音	激音	濃音
가	카	까	다	타	따	바	파	빠

ㅅ のグループ			ㅈ のグループ		
平音	激音	濃音	平音	激音	濃音
사		싸	자	차	짜

● 練習 2 . 読んでみましょう
1-61

1) **아까**   さっき   2) **어때요?**   どうですか？

3) **비싸요**   （値段が）高いです 4) **바빠요**   忙しいです

5) **가짜**   にせもの   6) **예쁘다**   きれいだ

● 練習 3 . 読んでみましょう
1-62

1) **비다** 空く   **피다** 咲く   **삐다** ひねる

2) **자다** 寝る   **차다** 冷たい   **짜다** 塩辛い

3) **달** 月   **탈** お面   **딸** 娘

4) **사요** 買います   **싸요** （値段が）安いです

● 練習4. 音声を聞いてチェックしてみましょう 🎧 1-63

1) □비다 □피다 □삐다

2) □자다 □차다 □짜다

3) □달 □탈 □딸

4) □사요 □싸요

● 練習5. 下線部を入れかえて、話してみましょう 🎧 1-64

가 : 이거 어때요? これどうですか？ 이거／これ 어때요？／どうですか？

나 : 진짜 <u>예뻐요</u>. 本当にきれいです。 예뻐요／きれいです

1) **싸요** / 安いです

2) **비싸요** /（値段が）高いです

3) **짜요** / 塩辛いです

● 練習6. 本文を見ながら書いてみましょう

1) 本当にきれい。 -------------------------------

2) 今日忙しいですか？ -------------------------------

コラム　食べ物

　韓国料理といえば真っ赤な辛い料理を思い浮かべる人が多いでしょう。しかし、キムパ（のりまき）や参鶏湯、トック（お雑煮）や水キムチのように辛くない料理があります。プルコギ（焼肉）やコーヒーミックスの甘さを思い出してください。夏のデザートの定番であるパッピンス（小豆かき氷）の甘さも格別です。最近はお洒落なデザート専門店が増えています。辛い料理を食べた後、甘いデザートを食べるのがコリアン・スタイル。皆さんもスウィート・コリアを満喫してください。

サムギョプサル2人分ください

ふつう

1-65
ゆっくり
1-66

サムギョプサル屋さんで

시 후 : 여기요,
  여 기 요
  삼겹살 2 인분 주세요.
  さ m ぎょ p サル い い n ぶ n ちゅ せ よ

시 후 : 자, 먹읍시다!
  ちゃ も ぐ p し だ

히카리 : 어떻게 먹어요?
  お っ と け も ご よ

시 후 : 상추하고 이렇게 먹어요.
  さ ng ちゅ は ご い ろ け も ご よ
  히카리 씨,
  ひ か り っ し
  먼저 '아' 해 보세요.
  も n じょ あ へ ぽ せ よ

シ フ： すみません、
　　　　 サムギョプサル二人分ください。
シ フ： さあ、食べましょう。
ひかり： どうやって食べますか？
シ フ： サンチュとこうやって食べます。
　　　　 ひかりさん、
　　　　 まず「あ〜」してみてください。

🔍 語彙と表現

여기요	すみません	**삼겹살**	サムギョプサル
2인분	二人分	**자**	さあ
먹읍시다	食べましょう	**어떻게**	どうやって
먹어요 (?)	食べます (か?)	**상추**	サンチュ
名詞하고	〜と	**이렇게**	こうやって
먼저	まず	**아**	あ
해 보세요	してみてください		

👆 ポイント1　パッチム3

パッチムには今まで学んだ子音が入りますが、発音は次の7つの**代表音（ㅇ，ㄴ，ㅁ，ㄹ，ㄱ，ㄷ，ㅂ）**で発音します。
この教科書では、下の表の左側のグループを**最後まで音が出るパッチム**、右側のグループを**つまる音のパッチム**と呼びます。

1-67

最後まで音が出るパッチム		つまる音のパッチム	
代表音	パッチムの種類	代表音	パッチムの種類
앙 앙		**악** 악，앆，앜	
안 안		**앋** 앋，앝，앗，았，앚，앛，앟	
암 암		**압** 압，앞	
알 알			

● 練習1．読んでみましょう
1-68

1) **책** 本　　　　2) **밖** 外　　　　3) **부엌** 台所
4) **끝** 終わり　　5) **옷** 服　　　　6) **낮** 昼
7) **꽃** 花　　　　8) **밥** ご飯　　　9) **앞** 前

● 練習2．次のパッチムを発音するグループ別に分けてみましょう

> 악，앙，앆，안，앜，암，앋，알，앝，앗，았，앚，앛，앟，압，앞

1) **앙**	2) **악**
3) **안**	4) **앋**
5) **암**	6) **압**
7) **알**	

👆 ポイント2　濃音化

つまる音のパッチム（代表音は악，앋，압）の次の文字がㄱ，ㄷ，ㅂ，ㅅ，ㅈの場合、
ㄱ，ㄷ，ㅂ，ㅅ，ㅈはそれぞれ、ㄲ，ㄸ，ㅃ，ㅆ，ㅉの音で読みます。これを**濃音化**といいます。

🎧 1-69

書くときは 학교（学校）→　読むときは 학꾜

書くときは 식당（食堂）→　読むときは 식땅

● 練習3．読んでみましょう 🎧 1-70

1）**학교**　学校　⋯⋯⋯⋯⋯⋯⋯　2）**받다**　もらう　⋯⋯⋯⋯⋯⋯⋯

3）**옆방**　隣部屋　⋯⋯⋯⋯⋯⋯⋯　4）**한국사람**　韓国人　⋯⋯⋯⋯⋯⋯⋯

5）**낮잠**　昼寝　⋯⋯⋯⋯⋯⋯⋯　6）**옷장**　たんす　⋯⋯⋯⋯⋯⋯⋯

● 練習4．読みながら書いてみましょう 🎧 1-71

학교 学校				
식당 食堂				
옷가게 服屋				
옆집 隣の家				

● 練習5．音声を聞いてチェックしてみましょう 🎧 1-72

1）□악　□압　　　　2）□악　□앋

3）□앋　□압　　　　4）□안　□알

5）□안　□암　　　　6）□암　□앙

7）□앙　□알　　　　8）□안　□앙

👆 **ポイント3**　　漢数詞

数詞は漢字で表す漢数詞と固有語で表す固有数詞があります。今回学ぶ漢数詞は年月日や値段、電話番号、学年、センチなどの単位をあらわすときに使われます。

1-73

零	一	二	三	四	五	六	七	八	九	十
영/공	일	이	삼	사	오	육	칠	팔	구	십

● 練習6. 読んでみましょう 🎧 1-74

1) 김치찌개 2인분 / キムチチゲ2人分

2) 부대찌개 4인분 / プデチゲ4人分

3) 짜장면 5인분 / ジャージャー麺5人分

4) 짬뽕 1인분 / チャンポン1人分

5) 삼겹살 3인분 / サムギョプサル3人分

6) 돼지갈비 6인분 / 豚カルビ6人分

● 練習7. 下線部の単語を入れかえて、話してみましょう 1-75

㋐ 불고기 3인분 / 냉면 2인분

가 : 불고기 3인분 주세요.　　　　　　　プルコギ**3人分**ください。

나 : 네, 잠시만 기다리세요.　　　　　　はい、少々お待ちください。

가 : 그리고 냉면 2인분 주세요.　　　　それから、**冷麺2人分**ください。

1) 김치찌개 1인분 / 부대찌개 1인분

2) 짜장면 4인분 / 짬뽕 5인분

3) 삼겹살 3인분 / 돼지갈비 6인분

ハングルの日本語表記表

かな						ハングル				
あ	い	う	え	お		아	이	우	에	오
か	き	く	け	こ		가/카	기/키	구/쿠	게/케	고/코
が	ぎ	ぐ	げ	ご		가	기	구	게	고
さ	し	す	せ	そ		사	시	스	세	소
ざ	じ	ず	ぜ	ぞ		자	지	즈	제	조
た	ち	つ	て	と		다/타	지/치	쓰	데/테	도/토
だ	ぢ	づ	で	ど		다	지	즈	데	도
な	に	ぬ	ね	の		나	니	누	네	노
は	ひ	ふ	へ	ほ		하	히	후	헤	호
ば	び	ぶ	べ	ぼ		바	비	부	베	보
ぱ	ぴ	ぷ	ぺ	ぽ		바/파	비/피	부/푸	베/페	보/포
ま	み	む	め	も		마	미	무	메	모
や		ゆ		よ		야		유		요
ら	り	る	れ	ろ		라	리	루	레	로
わ				を		와				오

＊小さい「っ」（促音）は、パッチム（終声）の位置に「ㅅ」を書きます。

＊「ん」（撥音）は、パッチム（終声）の位置に「ㄴ」を書きます。

文法編

第1課　私の名前は天野ひかりです

ふつう
1-76
ゆっくり
1-77

新学期の自己紹介

제 이름은 아마노 히카리입니다.

저는 대학생입니다.

2학년입니다.

집은 일본 나고야입니다.

제 취미는 음악 감상입니다.

잘 부탁합니다.

🔍 語彙と表現

제	私の	**이름**	名前
名詞는 / 은	~は	**名詞입니다 [임니다]**	~です
저	私（丁寧な「私」）	**대학생 [대학쌩]**	大学生
2학년 [이항년]	2年生	**집**	家
일본	日本	**나고야**	名古屋
취미	趣味	**음악 감상 [으막깜상]**	音楽鑑賞
잘	よろしく	**부탁하다 [부타카다]**	お願いする

38

☞ ポイント1 「〜は」

> パッチムの無い名詞 ＋ 는
> パッチムの有る名詞 ＋ 은

1-78

例

パッチム無： 여기(ここ) ＋ 는 → 여기는　ここは

パッチム有： 이름(名前) ＋ 은 → 이름은　名前は

☞ ポイント2 「〜です」

> パッチムの無い名詞
> パッチムの有る名詞 ＋ 입니다

1-79

例

パッチム無： 친구(友達) ＋ 입니다 → 친구입니다　友達です

パッチム有： 음악(音楽) ＋ 입니다 → 음악입니다　音楽です

発音の規則　鼻音化

1-80

つまる**パッチム**（ㄱ, ㄷ, ㅂ）の次の文字が「ㄴ, ㅁ, ㄹ」で始まると、その**パッチム**は、**最後まで音が出るパッチム**（ㅇ, ㄴ, ㅁ）に変わります。

입니다 → 임니다
[ipnida]　　　　　[imnida]

書くとき		読むとき
입니다　名詞です	→	임니다
한국말　韓国語	→	한궁말
거짓말　うそ	→	거진말

ここでは、'입니다'の読み方を身につけましょう。

● 練習1. 次の単語を読みながら書いてみましょう 🎧 1-81

이름 名前			
여동생 妹			
이것 これ			
저 私			
어머니 母			
여기 ここ			
이 사람 この人			

● 練習2. 正しいものに○をつけましょう

1) 名前は　이름 (는 / 은)

2) 妹は　여동생 (는 / 은)

3) これは　이것 (는 / 은)

4) 私は　저 (는 / 은)

5) 母は　어머니 (는 / 은)

6) ここは　여기 (는 / 은)

● 練習3. 例のように下線部に単語を入れて、読みながら書いてみましょう 🎧 1-82

例 ①저 (는)/ 은　②대학생입니다.　私は大学生です。

1) ①이것　②선물 / プレゼント ------------------------------

2) ①여기　②한국 / 韓国 ------------------------------

3) ①여동생　②중학생 / 中学生 ------------------------------

4) ①어머니　②한류 팬 / 韓流のファン ------------------------------

参考 한류는 [할류] と読みます。参照) 流音化 (P.41)

40

● 練習4. 例のように下線部の名詞を入れかえて、自分の趣味を言ってみましょう
1-83

例 제 취미는 **운동**입니다.　　私の趣味は**運動**です。

노래 歌	음악 감상 音楽鑑賞	영화 감상 映画鑑賞
쇼핑 買い物	게임 ゲーム	댄스 ダンス
독서 読書	여행 旅行	인터넷 インターネット

● 練習5. 나の下線部に自分のことを書き入れ、自己紹介してみましょう

가 : 안녕하세요 ?　　　　　　　　　　　こんにちは。

나 : _____ ?　　　こんにちは。

가 : 제 이름은 **아마노 히카리**입니다.　　私の名前は**天野ひかり**です。

　　 학생입니다.　　　　　　　　　　　　学生です。

나 : _____ .　　私の名前は _____ です。

　　 _____ .　　　　　　　　　　　　 _____ です。

가 : 제 취미는 **운동**입니다.　　　　　　私の趣味は**スポーツ**です。

나 : 제 취미는 _____ 입니다.　　　私の趣味は _____ です。

가 : 잘 부탁합니다.　　　　　　　　　　よろしくお願いします。

나 : _____ .　　よろしくお願いします。

● 練習6. 例のように下線部の読み方をハングルで書き、読んでみましょう
1-84

例 합니다 / します → **합니다**　　1) 십 만 / 十万 → _____

2) 입문 / 入門 → _____　　3) 갑니다 / 行きます → _____

発音の規則 　流音化
1-85

　「설날」は元旦の意味。なら読み方は？　「설날」ではなく「설랄」になります。これは流音化という音の変化が起きているからです。パッチム（終声）とパッチム（初声）がぶつかると音の変化が起こることがありますが、ここでは「ㄹ」が「ㄴ」とぶつかり、つまり「ㄹ」+「ㄴ」が「ㄹ」+「ㄹ」に変化して「설랄」と発音します。それなら「한류」（韓流）の読み方、わかりますよね。

これはすき焼きですか？

ふつう
2-1

ゆっくり
2-2

すき焼きとプルコギ

히카리: 이것은 스키야키입니까?

시　후: 아뇨,

이것은 스키야키가 아닙니다.

불고기입니다.

히카리: 저것도 불고기입니까?

시　후: 아뇨, 저것은 돼지 갈비입니다.

🔍 語彙と表現

이것	これ	스키야키	すき焼き
名詞입니까?	〜ですか？	아뇨	いいえ
名詞가/이 아닙니다	〜ではありません	불고기	プルコギ
저것 [저걷]	あれ	名詞도	〜も
돼지	豚	갈비	カルビ

👆 ポイント1　「～ですか」

パッチムの無い名詞
パッチムの有る名詞
+ 입니까?

2-3

例　パッチム無：어머니 + 입니까？ → 어머니**입니까**？　お母さんですか？

パッチム有：학생 + 입니까？ → 학생**입니까**？　学生ですか？

👆 ポイント2　「～ではありません」

パッチムの無い名詞 + 가　아닙니다
パッチムの有る名詞 + 이

2-4

例　パッチム無：어머니 + 가 아닙니다 → 어머니**가 아닙니다**　母ではありません

パッチム有：학생 + 이 아닙니다 → 학생**이 아닙니다**　学生ではありません

👆 ポイント3　「～も」

パッチムの無い名詞
パッチムの有る名詞
+ 도

2-5

例　パッチム無：어머니 + 도　→　어머니도　母も

パッチム有：이것 + 도　→　이것도*　これも

＊濃音化によって発音は [이걷또]

発音の規則　濃音化

2-6

つまる音のパッチム（ㄱ，ㄷ，ㅂ）の後に、ㄱ，ㄷ，ㅂ，ㅅ，ㅈ が続くと、
それらはそれぞれ ㄲ，ㄸ，ㅃ，ㅆ，ㅉ（濃音）で発音されます。（文字編 第8課参照）
今回は、저것도：저것（あれ）+ 도（も）の発音が濃音化に相当します。
発音は [저걷또] になります。同じく책도（本も）も [책또] になります。

● 練習1. 次の単語を読みながら書いてみましょう 2-7

저것 あれ			
그것 それ			
선물 プレゼント			
불고기 プルコギ			
네 はい			
아뇨 いいえ			

● 練習2. 例のように下線部の単語を入れかえて、話してみましょう
2-8

例 가 : 저것은 <u>삼계탕</u>입니까?   あれは**参鶏湯**ですか?

   나 : 네, <u>삼계탕</u>입니다.   はい、**参鶏湯**です。

1) 선물 / プレゼント   2) 불고기 / プルコギ

3) 갈비 / カルビ   4) 라면 / ラーメン

● 練習3. 正しいものに○をつけましょう

1) 妹ではありません。   여동생 (**이** / 가) 아닙니다.

2) プルコギではありません。   불고기 (이 / **가**) 아닙니다.

3) プレゼントではありません。   선물 (**이** / 가) 아닙니다.

4) キムチではありません。   김치 (이 / **가**) 아닙니다.

5) ここではありません。   여기 (이 / **가**) 아닙니다.

6) 韓国ではありません。   한국 (**이** / 가) 아닙니다.

● 練習4. 例のように下線部の単語を入れかえて、話してみましょう　🎧 2-9

例　가 : 이것은 ①불고기입니다.　　　これは**プルコギ**です。

　　나 : 저것도 ①불고기입니까?　　　あれも**プルコギ**ですか?

　　가 : 아뇨,　　　　　　　　　　　いいえ、

　　　　저것은 ①불고기가 아닙니다.　あれは**プルコギ**ではありません。

　　　　저것은 ②돼지 갈비입니다.　　あれは**豚カルビ**です。

1)　① 오렌지주스 / オレンジジュース　　② 유자차 / ゆず茶

2)　① 국수 / そうめん　　　　　　　　② 라면 / ラーメン

3)　① 짜장면 / ジャージャー麺　　　　② 하이라이스 / ハヤシライス

4)　① 빈대떡 / 緑豆のチヂミ　　　　　② 파전 / ネギのチヂミ

参考 丁寧語の語尾のまとめ

肯定	:	名詞＋**입니다.**	〜です
疑問	:	名詞＋**입니까?**	〜ですか?
否定	:	名詞＋**가/이 아닙니다.**	〜ではありません
否定疑問	:	名詞＋**가/이 아닙니까?**	〜ではありませんか?

指示代名詞について

이것 (これ)	그것 (それ)	저것 (あれ)
○話者に近いもの	○相手に近いもの	○二人から遠いもの
	○目に見えないもの	○目に見えるもの

第3課 ここが昌徳宮です

ふつう
2-10
ゆっくり
2-11

世界遺産、昌徳宮を訪ねる

시　후： 여기가 창덕궁입니다.

히카리： 궁이 무엇입니까?

시　후： 임금님 집입니다.

히카리： 혹시 세계 문화유산입니까?

시　후： 네, 창덕궁하고 종묘가

　　　　세계 문화유산입니다.

🔍 語彙と表現

여기	ここ	名詞이/가	～が
창덕궁 [창덕꿍]	昌徳宮　＊P.49参照	궁	王宮
무엇	何	임금님	王様
혹시 [혹씨]	もしかして	종묘	宗廟（王様の墓）
세계	世界	문화유산 [무놔]	文化遺産

46

👆 ポイント **1**　「～が」

> パッチムの無い名詞 ＋ **가**
> パッチムの有る名詞 ＋ **이**

2-12

例

パッチム無：	언니 **+ 가**	→	언니**가**	姉（女性の）が
パッチム有：	동생 **+ 이**	→	동생**이**	弟・妹が

👆 ポイント **2**　「～は何ですか？」

> パッチムの無い名詞 ＋ **가**　**무엇입니까?**
> パッチムの有る名詞 ＋ **이**

2-13

例

パッチム無：취미 **+ 가** 무엇입니까? →	취미**가** **무엇입니까?**	趣味は何ですか？
パッチム有：이름 **+ 이** 무엇입니까? →	이름**이** **무엇입니까?**	名前は何ですか？

参考 日本語で、人の名前や職業をたずねるときに、「～は何ですか」と「～は」を使うことが一般的であるのに対して、韓国語では「～이/가」を使うのが一般的です。このように日本語と韓国語の助詞はときどき直訳できないことがあります。

👆 ポイント **3**　「～と」

> パッチムの無い名詞
> パッチムの有る名詞　＋ **하고**

2-14

例

パッチム無：	아버지 **+ 하고**	→	아버지**하고**	父と
パッチム有：	형 **+ 하고**	→	형**하고**	兄（男性の）と

● 練習1．次の単語を読みながら書いてみましょう
2-15

무엇 何			
어디 どこ			
학교 学校			
직업 職業			
취미 趣味			
집 家			

● 練習2．例のように、助詞の使い方が正しいものにチェックしましょう

例　職業が　　직업 (**가** /**이**)　　1)　趣味が　　취미 (**가** / **이**)

2)　名前が　　이름 (**가** / **이**)　　3)　学校が　　학교 (**가** / **이**)

4)　家が　　　집 (**가** / **이**)　　5)　ここが　　여기 (**가** / **이**)

● 練習3．例のように下線部の単語を入れかえて、話してみましょう
2-16

例　가 : 이것이 무엇입니까?　　これは何ですか?

　　나 : 책입니다.　　　　　　　　**本**です。

1)　교과서 / 教科書　　　　　　2)　가방 / カバン

3)　시계 / 時計　　　　　　　　4)　컵 / コップ

● 練習4．例のように下線部の単語を入れかえて、話してみましょう
2-17

例　가 : 여기가 어디입니까?　　ここはどこですか?

　　나 : 명동입니다.　　　　　　**ミョンドン**（明洞）です。

1)　학교 / 学校　　　　　　　　2)　식당 / 食堂

3)　도서관 / 図書館　　　　　　4)　광화문 / 光化門

● 練習 5．下の表を参考にして自分のことを書いてみましょう

	이름 名前	취미 趣味	전공 専攻	집 家	학교 学校
例	아마노 히카리	댄스	교육학	아이치	나고야
自分					

● 練習 6．練習 5 を参考に、友達に以下の質問をして、聞き取った答えを書いてみましょう

1）이름이 **무엇입니까?**　名前は何ですか？　　　　　　　　　　　　　　입니다.

2）취미가 **무엇입니까?**　趣味は何ですか？　　　　　　　　　　　　　　입니다.

3）전공이 **무엇입니까?**　専攻は何ですか？　　　　　　　　　　　　　　입니다.

4）집이 **어디입니까?**　家はどこですか？　　　　　　　　　　　　　　입니다.

5）학교가 **어디입니까?**　学校はどこですか？　　　　　　　　　　　　　　입니다.

취미	드라이브 / ドライブ　댄스 / ダンス　야구 / 野球　축구 / サッカー 수영 / 水泳　테니스 / テニス　스포츠 관전 / スポーツ観戦　요가 / ヨガ 조깅 / ジョギング　산책 / 散歩　등산 / 登山　외국어 공부 / 外国語の勉強
전공	국문학 / 国文学　영문학 / 英文学　경제학 / 経済学　교육학 / 教育学 사회학 / 社会学　법학 / 法学　비교문화학 / 比較文化学
직업	간호사 / 看護師　요리사 / コック　보육사 / 保育士　회사원 / 会社員 공무원 / 公務員　경찰관 / 警察官　건축가 / 建築家　약사 / 薬剤師 은행원 / 銀行員　기자 / 記者　의사 / 医者　연예인 / 芸能人

コラム　昌徳宮とは？

ユネスコ世界遺産としても名高い昌徳宮は正宮である景福宮の離宮として15世紀に建てられ、何度か焼失しましたが、現在のように復元されました。中でも『後苑』が人々に好まれ、その庭は建物と自然との調和が素晴らしく、四季を通じて国内外の観光客の目を楽しませてくれます。観覧の際、注意事項が二つ。『後苑』はガイドツアー以外には入ることができないので、時間を確認しましょう。また月曜日が休館日です。お間違えないように（筆者の経験談）。

週末に何をしますか？

ふつう 2-18 ゆっくり 2-19

ひかりの週末

시　후: 주말에 무엇을 합니까?

히카리: 보통 영화를 봅니다.

　　　　가끔 영화관에도 갑니다.

시　후: 영화관에 혼자 갑니까?

히카리: 아뇨,

　　　　친구하고 같이 갑니다.

🔍 語彙と表現

주말	週末	名詞에	～に
名詞을 / 를	～を	하다	する
- ㅂ니까?	～です / ますか？	보통	普通
영화*	映画	보다	見る
- ㅂ니다	～です / ます	가끔	時々
영화관	映画館	名詞에도	～にも
가다	行く	혼자	一人で
친구	友だち	같이 [가치]	一緒に

＊영화は[영와]と発音する人もいます。(ㅎの弱音化)

50

👆 ポイント1　「～に、へ」　時間や場所をあらわす

> ### パッチムの無い名詞
> ### パッチムの有る名詞　＋ 에

2-20

例
パッチム無：	학교＋에	→	학교에	学校に
パッチム有：	주말＋에	→	주말에	週末に

参考 '～에' は、日本語のように、他の助詞を添加して用いることも可能です。

例 学校には → 학교에는、学校にも → 학교에도

👆 ポイント2　「～です／ます（か？）」　합니다体①

> ### パッチムの無い語幹　＋ ㅂ니다（肯定）
> ### 　　　　　　　　　　　＋ ㅂ니까？（疑問）

2-21

語幹とは：用言（動詞・形容詞）の活用しない部分

　　　韓国語の場合、基本形語尾「다」を取ったもの

参考 韓国語の用言の基本形は必ず、語尾「다」を伴います。

例
가다＋ㅂ니다	肯定	→	갑니다	行きます
가다＋ㅂ니까？	疑問	→	갑니까？	行きますか？
싸다＋ㅂ니다	肯定	→	쌉니다	安いです
싸다＋ㅂ니까？	疑問	→	쌉니까？	安いですか？

👆 ポイント3　「～を」

> ### パッチムの無い名詞 ＋ 를
> ### パッチムの有る名詞 ＋ 을

2-22

例
パッチム無：	커피＋를	→	커피를	コーヒーを
パッチム有：	무엇＋을	→	무엇을	何を

● 練習1．次の単語を読みながら書いてみましょう 🎧 2-23

주말 週末			오전 午前		
오후 午後			카페 カフェ		
노래방 カラオケ			교실 教室		

● 練習2．助詞「～に」を加え、読みながら書いてみましょう

1）週末に　　→　주말 _____　　2）午前に　　→　오전 _____

3）午後に　　→　오후 _____　　4）カフェに　→　카페 _____

5）カラオケに　→　노래방 _____　　6）教室に　　→　교실 _____

● 練習3．次の単語を読みながら書いてみましょう

마시다 飲む			보다 見る		
하다 する			기다리다 待つ		
만나다 会う			가다 行く		

● 練習4．次の動詞を丁寧語の肯定文と疑問文にして二回ずつ書きましょう

基本形	肯定文	疑問文
1）마시다		
2）보다		
3）하다		
4）기다리다		
5）만나다		
6）가다		

● 練習5. 例のように単語と、それにあった助詞を選び、話してみましょう　2-24

例　가：무엇을 합니까?　　　　　　　　　　　何をしますか?

　　나：(공부 / 운동)를/을 합니다.　　　　(勉強 / 運動) をします。

1）가：무엇을 봅니까?

　　나：(인스타그램 / 동영상)를/을 봅니다. 인스타그램 /インスタグラム　동영상 /動画

2）가：무엇을 합니까?

　　나：(샤워 / 목욕)를/을 합니다.　　　　　　샤워 /シャワー　목욕 /お風呂

3）가：무엇을 마십니까?　　　　　　　　포도주스 /ぶどうジュース　와인 /ワイン

　　나：(포도주스 / 와인)를/을 마십니다.

4）가：누구를 기다립니까?　　　　　　　　　　　　　　　　누구 /誰

　　나：(친구 / 동생)를/을 기다립니다.

● 練習6. 例のように下線部の単語を入れかえて、話してみましょう　2-25

例　가：어디에 갑니까?　　　　　　　　　どこに行きますか?

　　나：①노래방에 갑니다.　　　　　　　カラオケに行きます。

　　가：누구하고 같이 갑니까?　　　　　だれと一緒に行きますか?

　　나：②동아리 친구하고 같이 갑니다.　サークルの友達と一緒に行きます。

1）　① 야구장 /野球場　　　② 남자・여자 친구 /彼氏・彼女

2）　① 산 /山　　　　　　　② 남동생 /弟

3）　① 백화점 /デパート　　② 어머니 /母

4）　① 극장 /劇場・映画館　② 선배 /先輩

発音の規則　口蓋音化

2-26

「ㄷ +이⇒지」「ㅌ +이⇒치」と読む。「디」や「티」にはならない。
（パッチム　　　　　パッチム）

書くときは **같이** （一緒に）　→　読むときは **가치**

書くときは **굳이** （あえて）　→　読むときは **구지**

第 5 課　どこに行きたいですか？

ふつう
2-27
ゆっくり
2-28

シフが日本でしたいこと

히카리 : 어디에 가고 싶습니까?

시　후 : 홋카이도에 가고 싶습니다.

히카리 : 홋카이도에서 무엇을

　　　　하고 싶습니까?

시　후 : 눈 축제하고 영화 촬영지를

　　　　보고 싶습니다.

　　　　그리고 게도 먹고 싶습니다.

🔍 語彙と表現

- 고 싶다 [십따]	願望を表す	-습니까? [슴니까]	～です／ますか？
홋카이도	北海道	-습니다 [슴니다]	～です／ます
名詞（場所）에서	～で	눈 축제 [축쩨]	雪祭り
촬영지	撮影地、ロケ地	그리고	そして、それから
게	蟹	먹다 [먹따]	食べる

☝ ポイント1　「～です / ます（か？）」 합니다体②

パッチムの有る語幹
+ 습니다 （肯定）
+ 습니까？（疑問）

2-29

（例）
먹다＋습니다	肯定	→	먹습니다	食べます
먹다＋습니까？	疑問	→	먹습니까？	食べますか？
많다＋습니다	肯定	→	많습니다	多いです
많다＋습니까？	疑問	→	많습니까？	多いですか？

参考 文法編第4課から練習している丁寧語の表現をこれから'합니다体'と呼ぶことにします。'합니다体'とは、日本語の「です、ます」にあたる丁寧で堅い表現です。ㄹパッチムの語幹の합니다体に関しては文法編第17課で扱います。

☝ ポイント2　「～たい」 希望をあらわす

パッチムの無い語幹
パッチムの有る語幹
+ 고 싶다

2-30

（例）
| パッチム無： | 보다＋고 싶다 | → | 보고 싶다 | 見たい |
| パッチム有： | 먹다＋고 싶다 | → | 먹고 싶다* | 食べたい |

＊濃音化によって発音は[먹꼬]

参考 '보고 싶다'の丁寧語（見たいです）は'보고 싶습니다'、'먹고 싶다'の丁寧語（食べたいです）は'먹고 싶습니다'になります。

☝ ポイント3　「～で」 動作が起こる場所をあらわす

パッチムの無い名詞
パッチムの有る名詞
+ 에서

2-31

（例）
| パッチム無： | 어디＋에서 | → | 어디에서 | どこで |
| パッチム有： | 한국＋에서 | → | 한국에서 | 韓国で |

● 練習1．次の単語を読みながら書いてみましょう

먹다 食べる			입다 着る		
듣다 聞く			받다 もらう		
없다 ない			있다 ある		

● 練習2．次の用言を丁寧語の肯定文と疑問文にして二回ずつ書きましょう

基本形	肯定文		疑問文	
1）먹다				
2）입다				
3）듣다				
4）받다				
5）없다				
6）있다				

● 練習3．例のように適切な助詞を入れて、丁寧語の文を作ってみましょう 🎧 2-32

例 오후, 약속, 있다　　　약속/約束　→　오후에 약속이 있습니다.
　　　　　　　　　　　　　　　　　　午後に約束があります。

1）주말, 수업, 없다　　　수업/授業　→　-------------------------------

2）생일, 선물, 받다　　　생일/誕生日　→　-------------------------------

3）오전, 간식, 먹다　　　간식/間食　→　-------------------------------

4）주말, 청바지, 입다　　청바지/ジーンズ　→　-------------------------------

● 練習4．例にならって単語を入れかえて、話してみましょう 🎧 2-33

例　가 : 무엇, 하다　　　　　나 : 여행, 하다

→　가 : 무엇을 하고 싶습니까? 何をしたいですか？

　　나 : 여행을 하고 싶습니다. 旅行をしたいです。

1) 가 : 무엇, 먹다   나 : 피자, 먹다   피자 / ピザ

2) 가 : 무엇, 배우다   나 : 운전, 배우다   배우다 / 習う 운전 / 運転

3) 가 : 무엇, 보다   나 : 생방송, 보다   생방송 / 生放送

4) 가 : 무엇, 받다   나 : 장미꽃, 받다   장미꽃 / バラの花

● 練習5. 下記の文章を読み、自分の行動と照らし合わせて○か×をつけましょう

1) 아침에 뉴스를 봅니다.   아침 / 朝 뉴스 / ニュース   [   ]

2) 오전에 학교에 갑니다.   [   ]

3) 오후에 동아리가 있습니다.   [   ]

4) 교실에서 커피를 마십니다.   커피 / コーヒー   [   ]

5) 영화관에서 데이트를 합니다.   데이트 / デート   [   ]

6) 카페에서 숙제를 합니다.   숙제 / 宿題   [   ]

● 練習6. 例のように、適した単語を下から選び、書いて話してみましょう 🎧 2-34

例) 가 : 어디에서 숙제를 합니까?   나 : **도서관**에서 숙제를 합니다.

1) 가 : 어디에서 책을 봅니까?   나 : _____

2) 가 : 어디에서 음악을 듣습니까?   나 : _____

3) 가 : 어디에서 공부를 합니까?   나 : _____

4) 가 : 어디에서 드라마를 봅니까?   나 : _____

드라마 / ドラマ

5) 가 : 어디에서 데이트를 합니까?   나 : _____

학교 / 교실 / **도서관** / 노래방 / 영화관 / 집 / 카페

曜日

月曜日	火曜日	水曜日	木曜日	金曜日	土曜日	日曜日
월요일	화요일	수요일	목요일	금요일	토요일	일요일

第6課　はじめまして

ふつう
2-35
ゆっくり
2-36

今までの勉強の成果

안녕하세요?

처음 뵙겠습니다.

저는 아마노 히카리입니다.

한국을 더 알기 위해서

한국어를 공부합니다.

한국어는 어렵지만 재미있습니다.

앞으로 잘 부탁합니다.

語彙と表現

안녕하세요?	こんにちは	처음	初めて
뵙다 [뵙따]	お目にかかる	- 겠다 [- 겔따]	意志を表す
한국	韓国	더	もっと（より）
알다	知る	- 기 위해서	～するために（目的）
한국어	韓国語	공부하다	勉強する
어렵다 [어렵따]	難しい	- 지만	～だが、けど（逆説）
재미있다 [재미읻따]	おもしろい	앞으로	これから

ポイント1　「(今から) ～する」　話者の意志を表す

> パッチムの無い語幹
> パッチムの有る語幹 ＋ 겠다

2-37

例）

| パッチム無： | 공부하다 + 겠다 | → | 공부하**겠다** | 勉強する |
| パッチム有： | 뵙다 + 겠다 | → | 뵙**겠다** * | お目にかかる |

*濃音化によって発音は [뵙껟따]

参考 '공부하겠다' の丁寧語（勉強します）は '공부하겠**습니다**'、'먹다' の丁寧語（いただきます）は '먹겠**습니다**' になります。

ポイント2　「～のために」　目的を表す

> パッチムの無い語幹
> パッチムの有る語幹 ＋ 기 위해서

2-38

例）

| パッチム無： | 오다 + 기 위해서 | → | 오**기 위해서** | 来るために |
| パッチム有： | 먹다 + 기 위해서 | → | 먹**기 위해서** * | 食べるために |

*濃音化によって発音は [먹끼]

ポイント3　「～だが」　逆説をあらわす

> パッチムの無い語幹
> パッチムの有る語幹 ＋ 지만

2-39

例）

| パッチム無： | 하다 + 지만 | → | 하**지만** | するけど、しかし |
| パッチム有： | 어렵다 + 지만 | → | 어렵**지만** * | 難しいけど |

*濃音化によって発音は [어렵찌만]

● 練習1. 次の単語を読みながら書いてみましょう

공부하다 勉強する			만들다 作る		
청소하다 掃除する			좋다 いい		
어렵다 難しい			편하다 楽だ		

● 練習2. 例のようにそれぞれの語幹に「겠다」をつけてみましょう

例 공부하다 → 공부하**겠다**   1) 뵙다   → ....

2) 만들다 → ....   3) 청소하다 → ....

4) 보다   → ....   5) 먹다   → ....

● 練習3. 例のように下線部を入れかえて、가の問いに答えてみましょう
2-40

例 가 : 내일 무엇을 하겠습니까? (규슈에 가다)   明日何をしますか？

    나 : 규슈에 가겠습니다.   九州に行き**ます**。

1) 가 : 내일 무엇을 하겠습니까? (방을 청소하다)   방/部屋

2) 가 : 내일 무엇을 하겠습니까? (자료를 찾다)   자료/資料 찾다/探す

3) 가 : 내일 무엇을 하겠습니까? (유튜브를 보다)   유튜브/ユーチューブ

4) 가 : 내일 무엇을 하겠습니까? (데이트를 하다)

5) 가 : 내일 무엇을 하겠습니까? (김치를 만들다)

● 練習4. 例のように下線部を入れかえ、適切な助詞を補って話してみましょう
2-41

例 가 : 김치   나 : 맵다/맛있다

→ 가 : 김치**가 어떻습니까**? キムチはどうですか？

    나 : 맵**지만** 맛있습니다. 辛いけどおいしい**です**。

1) 가 : 한국어 공부   나 : 어렵다/재미있다

2) 가 : 이 가방   나 : 싸다/아주 좋다   이/この 싸다/安い 아주/とても

3) 가 : 그 구두   나 : 편하다/비싸다   그/その 비싸다/高い

4)　가 : 아르바이트　　나 : 힘들다 / 재미있다

아르바이트/アルバイト　힘들다/大変だ

5)　가 : 대학 생활　　나 : 시간은 있다 / 돈은 없다

생활/生活　시간/時間　돈/お金

● 練習5. 例のように二つの文を一つの文章にしましょう
2-42

㉞　여행을 하다 / 아르바이트를 하다

→　여행을 하**기 위해서** 아르바이트를 합니다.

旅行をする**ために**アルバイトをします。

1)　선물을 사다 / 백화점에 가다

→　--

2)　도시락을 만들다 / 일찍 일어나다　　도시락/お弁当　일찍/早く　일어나다/起きる

→　--

3)　외국인 친구를 만들다 / 외국어를 배우다　　외국인/外国人　외국어/外国語

→　--

4)　리포트를 쓰다 / 자료를 찾다　　리포트/レポート　쓰다/書く

→　--

5)　외출하다 / 샤워를 하다　　외출하다/外出する

→　--

コラム　빚? 빛? 빗?

以前ドラマで見た悪徳高利貸し業者の名前が「빚과 그림자 (借金と影)」だった
のですが、ヒロインが「빛과 그림자 (光と影)」と聞き間違えるというエピソー
ドがありました。パッチムを勉強された皆さんはもうお分かりですね。発音が同じ
単語なため、起こりがちな間違いですが、悪徳高利貸し業者の名前が「빚과 그림
자 (借金と影)」なんてちょっとユニークですよね。

復習をしましょう 1

● 練習1. 次の用言の意味を書き、합니다体に活用させましょう

1) **가다**	行く	갑니다	6) **먹다**		
2) **보다**			7) **받다**		
3) **마시다**			8) **있다**		
4) **배우다**			9) **없다**		
5) **하다**			10) **좋다**		

● 練習2. 空欄に自分のことを補って、次の日本語を韓国語にしてみましょう

1) 私は＿＿＿＿です。（1課）

2) 私の趣味は＿＿＿＿です。（1課）

3) 何をしたいですか？（5課）

4) 朝にコーヒーを飲みます。（4課）

5) 学校で何を習いたいですか？（5課）

● 練習3. （　）内に必要な助詞を書きましょう

1) 월요일에 콘서트（　　）있습니다. （5課）

2) 화요일에 영화관（　　）갑니다. （4課）

3) 수요일에 카페（　　）공부합니다. （5課）

4) 목요일에 운동（　　）합니다. （4課）

5) 금요일 오전에 수업（　　）있습니다. （5課）

6) 주말에 선배（　　）데이트（　　）합니다. （3課）

＊曜日はP.57参照

● 練習４．次の質問に、韓国語で答えを書いてみましょう

1) 이름이 무엇입니까?

　　————————————————————————————

2) 집이 어디입니까?

　　————————————————————————————

3) 학교에서 무엇을 공부합니까?

　　————————————————————————————

4) 주말에 도서관에 갑니까?

　　————————————————————————————

5) 여기는 한국입니까?

　　————————————————————————————

● 練習５．聞き取りの問題です。次の例文を聞いて、質問に韓国語で答えましょう　🎧 2-43

1) ——

2) ——

3) ——

これが調理前の
신당동 떡볶이

さあ、完成！
召し上がれ！

こちらは屋台の떡볶이、左側は튀김（天ぷら）、
奥はおでん（오뎅）

屋台の떡볶이はダイナミック！튀김も떡볶이のソースで食べます。
紙コップで오뎅のスープをいただきましょう。セルフサービスです。

コラム　떡볶이

老若男女みんなが好きなおやつ「떡볶이」は国民の間食ともよばれています。最近、日本でも「떡볶이好き」が増えている様子。そんな方のために「떡볶이」の専門店が軒を連ねるトッポッキエリアを紹介します。ソウルの地下鉄６号線の「신당역」。元祖のオリジナルのお店もあるので、鍋いっぱいの「떡볶이」を堪能してみてください。

何に興味がありますか？

ふつう
2-44

ゆっくり
2-45

ひかりの興味があるものが気になるシフ

시　후： 히카리 씨는

무엇에 관심이 있어요?

히카리： 요리예요.

한국 음식에 관심이 많아요.

시　후： 김치도 잘 먹어요?

히카리： 네, 아침부터 먹어요.

가끔 김치찌개도 만들어요.

🔍 語彙と表現

- 씨	さん	관심	関心、興味
있다	ある、いる	요리	料理
名詞예요(?)	～です（か？）	음식	食べ物
많다 [만타]	多い	김치	キムチ
- 아/어요	～ます、ますか？	아침	朝
名詞부터	～から	김치찌개	キムチチゲ
만들다	作る		

☞ **ポイント1**　「～です / ます（か？）」 해요体①

陽性母音語幹　　＋아
陰性母音語幹　　＋어　　　　요（?）
하다用言の語幹 ＋ 여 → 해

2-46

陽性母音の語幹とは、語幹の最後の母音が陽性母音（ㅏ，ㅑ，ㅗ）の語幹、
陰性母音の語幹とは、語幹の最後の母音が陰性母音（ㅏ，ㅑ，ㅗ以外）の語幹、
하다用言の語幹とは、語幹の最後が하の語幹のことです。（詳しくは、P.67のコラムを参照）

例　陽性母音の語幹：　　많다＋아요　→　많아요　　　　　　多いです
　　　　　　　　　　　　놀다＋아요　→　놀아요　　　　　　遊びます
　　陰性母音の語幹：　　먹다＋어요　→　먹어요　　　　　　食べます
　　　　　　　　　　　　만들다＋어요　→　만들어요　　　　作ります
　　하다用言の語幹：　　하다＋여요　→　│하여│요 → 해요　　します
　　　　　　　　　　　　일하다＋여요　→　일│하여│요 → 일해요　働きます

参考　해요体は、합니다体より柔らかくて親近感のある丁寧語です。

☞ **ポイント2**　「～です」 입니다の해요体

パッチムの無い体言 ＋ 예요
パッチムの有る体言 ＋ 이에요

2-47

例　パッチム無：　학교＋예요　　　→　　학교예요　　　　学校です
　　パッチム有：　대학생＋이에요　→　　대학생이에요　　大学生です

☞ **ポイント3**　「～から」 時間、場所の始まりをあらわす

パッチムの無い名詞
　　　　　　　　　 ＋ 부터
パッチムの有る名詞

2-48

例　パッチム無：　오후＋부터　→　　오후부터　　午後から
　　パッチム有：　오전＋부터　→　　오전부터　　午前から

● 練習1．次の用言を以下の①、②、③の語幹に分類してみましょう

1) 찾다	2) 먹다	3) 얇다 / 薄い	4) 울다 / 泣く
5) 알다	6) 찍다	7) 청소하다	8) 놀다
9) 좋다	10) 없다	11) 많다	12) 공부하다

① ㅏ , ㅑ , ㅗ の語幹：

② ㅏ , ㅑ , ㅗ 以外の語幹：

③ 하다 用言の語幹：

● 練習2．例のように해요体（〜です / ます）に活用させましょう

例 괜찮다 / 大丈夫だ　→ 괜찮아요

1) 알다 / 知る　　　　→ _____　　2) 먹다 / 食べる →_____

3) 청소하다 / 掃除する →_____　　4) 놀다 / 遊ぶ　→_____

5) 찾다 / 探す　　　　→ _____　　6) 찍다 / 撮る　→_____

7) 있다 / ある　　　　→ _____　　8) 읽다 / 読む　→_____

● 練習3．例のように会話を完成させましょう　🎧
2-49

例 가 : 식당　　　　　　　　　　　나 : 밥을 먹다

　　가 : 식당에서 무엇을 해요?　　나 : 식당에서 밥을 먹어요.
　　　　食堂で何をしますか？　　　　　　食堂でご飯を食べます。

1) 가 : 집　　　　　　　　　　　　나 : 공부하다

　　가 : _____　　　　나 : _____

2) 가 : 공원　　　　　　　　　　　나 : 사진을 찍다　공원 / 公園　사진 / 写真

　　가 : _____　　　　나 : _____

3) 가 : 도서관　　　　　　　　　　나 : 책을 읽다

　　가 : _____　　　　나 : _____

4) 가 : 은행　　　　　　　　　　　　나 : 돈을 찾다

은행 / 銀行　돈을 찾다 / お金を下ろす

　　가 : _____　　　　　나 : _____

5) 가 : 동대문시장　　　　　　　　　나 : 쇼핑을 하다　동대문시장 / 東大門市場

　　가 : _____　　　　　나 : _____

● 練習4. 友達と質問し合ってみましょう

1) 아침에 밥을 먹어요? 빵을 먹어요?　　　　　　　　　빵 / パン

2) 평일에 약속이 있어요? 주말에 약속이 있어요?　　　　평일 / 平日

3) 선배하고 놀아요? 친구하고 놀아요?

4) 도서관에서 공부해요? 집에서 공부해요?

5) 명동에 가고 싶어요? 강남에 가고 싶어요?　　　　　강남 / カンナム (江南)

● 練習5. 下線部に言葉を入れて、話してみましょう

가 : 그것이 뭐예요?　　　　　　　それは何ですか?

나 : _____ 예요 / 이에요.　　～です

1) 떡볶이　　　2) 팥빙수 / かき氷　　3) 파스타 / パスタ　　4) 피자

5) 필통 / 筆箱　6) 꽃 / 花　　　　　7) 도시락　　　　　　8) 지갑 / 財布

コラム　陽性母音？陰性母音？

韓国語の母音の特徴として、陽性母音と陰性母音という区別があり、陽性母音が用いられた形容詞や擬音からは「明るい、軽い、小さいようす」などが感じられます。

陽性母音とは、母音のパーツの組み合わせが「丨 + ・」→「ㅏ」や、「・ + ㅡ」→「ㅗ」という構造を持つ母音です。「ㅏ，ㅑ，ㅗ，ㅛ」が陽性母音です。

陽性母音以外の母音を陰性母音といいます。陽性母音が用いられた形容詞や擬音からは「暗い、重い、大きいようす」が感じられます。

また、陽性母音には陽性母音が結合し、陰性母音には陰性母音が結合します。

では、問題です！「반짝반짝」と「번쩍번쩍」、どっちが「キラキラ」で、どっちが「ギラギラ」でしょう。

このバス、北村に行きますか？

ふつう

2-50
ゆっくり
2-51

シフの案内で北村に

시 후: 아저씨, 이 버스 북촌에 가요?

아저씨: 아뇨, 안 가요. 172번을 타요.

히카리: 북촌은 뭐가 유명해요?

시 후: 북촌에는 전통 찻집이나

기념품 가게가 많아요.

그래서 외국인도 많이 와요.

🔍 語彙と表現

아저씨	おじさん	이 버스	このバス
북촌	北村 (プクチョン、地名)	안	～しない（否定）
172(백칠십이)	百七十二	数詞번	～番
타다	乗る	유명하다	有名だ
名詞에는	～には	전통	伝統
찻집 [찬찝]	喫茶店	名詞(이)나	～や
기념품	記念品	가게	お店
그래서	それで	외국인	外国人
많이 [마니]	たくさん	오다	来る

👆 ポイント1 「～です / ます（か？）」 해요体②

陽性母音の語幹 ＋ 아
陰性母音の語幹 ＋ 어　　요（?）
하다用言の語幹 ＋ 여 → 해

2-52

例 陽性母音の語幹：　가다＋아요　　→　가아요　　→　가요　　行きます

　　　　　　　　　　오다＋아요　　→　오아요　　→　와요　　来ます

　陰性母音の語幹：　배우다＋어요　→　배우어요 →　배워요　習います

　　　　　　　　　　마시다＋어요　→　마시어요 →　마셔요　飲みます

　　　　　　　　　　쉬다　＋어요　→　쉬어요*　　　　　休みます

＊쉬다は語幹の母音と어が1つにならない

参考 해요体には、「～ます、ますか？」以外に、「～ましょう」「～てください」の意味があります。

👆 ポイント2 「～や」

パッチムの無い名詞 ＋ 나
パッチムの有る名詞 ＋ 이나

2-53

例 パッチム無：　　커피＋나　　　→　　커피나　　　コーヒーや

　パッチム有：　　라면＋이나　　→　　라면이나　　ラーメンや

👆 ポイント3 「～ない」 用言を否定する（短い否定）

안 ＋ 用言

2-54

例 パッチム無：　　안＋하다　　→　　안 하다*　　しない

　パッチム有：　　안＋먹다　　→　　안 먹다　　食べない

＊ㅎの弱音化により発音は［아나다］

● 練習1. 次の動詞を書いてみましょう

배우다 学ぶ			타다 乗る		
마시다 飲む			보다 見る		
만나다 会う			오다 来る		
외우다 覚える			기다리다 待つ		

● 練習2. 例のように해요体に活用させましょう

例 가다 / 行く → 가요
1) 타다 / 乗る →

2) 마시다 / 飲む → 3) 만나다 / 会う →

4) 보다 / 見る → 5) 배우다 / 習う →

6) 오다 / 来る → 7) 기다리다 / 待つ →

● 練習3. 友達と質問し合ってみましょう

1) 여행은 가족하고 가요? 친구하고 가요?　　　　　　　가족 / 家族

2) 영화를 영화관에서 봐요? 집에서 봐요?

3) 커피를 마셔요? 코코아를 마셔요?　　　　　　　　코코아 / ココア

4) 운전을 자주 해요? 자전거를 자주 타요?　　자주 / よく　자전거 / 自転車

5) 주말에 친구를 만나요? 집에 있어요?

参考 '〜に乗る'は、'〜을 / 를 타다'、'〜に会う'は、'〜을 / 를 만나다'と表現します。

● 練習4. 例のように助詞を補って、話してみましょう
2-55

例 가 : 일본, 순대, 먹다　　　　　　나 : 일본, 순대, 먹다 순대 / 韓国式腸詰

　　가 : 일본에서 순대를 먹어요?　日本でスンデを食べますか？

　　나 : 일본에서 순대를 안 먹어요. 日本でスンデを食べません。

70

1) 가 : 영화관 , 영화 , 보다   나 : 영화관 , 영화 , 보~~다~~

2) 가 : 도서관 , 책 , 읽다   나 : 도서관 , 책 , 읽~~다~~

3) 가 : 학교 , 중국어 , 배우다   나 : 학교 , 중국어 , 배~~우~~다

중국어 / 中国語

4) 가 : 교실 , 전화 , 받다   나 : 교실 , 전화 , 받~~다~~   전화 / 電話

5) 가 : 집 , 떡볶이 , 만들다   나 : 집 , 떡볶이 , 만~~들~~다

● 練習5. 例のように「〜(이) 나」をつかって文章を作り、話してみましょう

2-56

例 가 : 점심에 뭘 먹어요 ? (라면 , 우동)   昼ごはんに何を食べますか？

나 : 라면이나 우동을 먹어요 .   ラーメン**や**うどん**を**食べます。

1) 가 : 카페에서 뭘 시켜요 ? (라테 , 코코아)   라테 / ラテ 시키다 / 注文する

나 : _____

2) 가 : 어머니 생일에 뭘 해요 ? (파티 , 외식)   파티 / パーティー 외식 / 外食

나 : _____

3) 가 : 방학에 뭘 해요 ? (여행 , 아르바이트)   방학 / 学校の長期休暇

나 : _____

4) 가 : 어디에서 공부해요 ? (집 , 학생식당)

나 : _____

5) 가 : 언제 노래방에 가요 ? (2차 , 생일)   언제 / いつ 2차 / 二次会

나 : _____

発音の規則 黙音化

2-57

ㅎ パッチムの後ろに ㅇ が続くと、その ㅎ は発音されません。

書くとき		読むとき	書くとき		読むとき
좋아해요	→	조아해요	놓아요	→	노아요
好きです			置きます		

第9課 昨日シフさんと北漢山に行った

ふつう
2-58
ゆっくり
2-59

ひかりの日記（1）

어제 시후 씨하고 북한산에 갔다.

날씨가 좋아서 기분이 상쾌했다.

오랜만에 땀을 흘렸다.

정상에서 막걸리를 마셨다.

경치도 좋고 막걸리도 맛있었다.

🔍 語彙と表現

어제	昨日	북한산 [부칸산]	北漢山
-았다 / 었다 / 였다	～た（過去形）	날씨	天気
좋다 [조타]	よい	-아 / 어 서	～て（原因）
기분	気分	상쾌하다	爽やかだ
오랜만	久しぶり	땀	汗
흘리다	流す	정상	山頂（頂上）
막걸리 [막껄리]	マッコリ、にごり酒	마시다	飲む
경치	景色	-고	～て（並列）
맛있다 [마싣따]	おいしい		

👆ポイント**1**　「〜た」　過去形①

$$\begin{aligned}
陽性母音語幹\quad &+ 았다\\
陰性母音語幹\quad &+ 었다\\
하다用言の語幹 &+ 였다 \rightarrow 했다
\end{aligned}$$

2-60

(例)
陽性母音語幹：	좋다＋았다 → 좋았다	よかった
陰性母音語幹：	없다＋었다 → 없었다	なかった
하다用言の語幹：	하다＋였다 → 하였다 → 했다	した

参考 形容詞は動詞と同一活用です。

参考 母音語幹の過去形は文法編第8課のポイント1 해요体②を参考にしてください。

参考 名詞の場合は、パッチム無い名詞＋였다、パッチムの有る名詞＋이었다になります。

👆ポイント**2**　「〜て、ので」　原因をあらわす

$$\begin{aligned}
陽性母音の語幹\ &+ 아\\
陰性母音の語幹\ &+ 어\quad 서\\
하다用言の語幹 &+ 여
\end{aligned}$$

2-61

(例)
陽性母音語幹：	좋다＋아서 → 좋아서	よくて
陰性母音語幹：	없다＋어서 → 없어서	なくて
하다用言の語幹：	하다＋여서 → 하여서 → 해서	して

👆ポイント**3**　「〜で、て」　並列をあらわす

$$\begin{aligned}
パッチムの無い語幹\\
パッチムの有る語幹
\end{aligned}+ 고$$

2-62

(例)
パッチム無：	예쁘다＋고 → 예쁘고	きれいで
パッチム有：	좋다　＋고 → 좋고*	よくて
ㄹ語幹用言：	길다　＋고 → 길고	長くて

＊激音化によって発音は[조코]

73

● 練習1. 例のように過去形をつくり、日本語に翻訳して書いてみましょう

例 좋다　　→　**좋았다**　よかった

1）받다　　→ _____　　2）먹다　　→ _____

3）마시다　→ _____　　4）오다　　→ _____

5）배우다　→ _____　　6）사랑하다 → _____

　　　　　　　　　　　　　　　　　　　　　　　사랑하다 / 愛する

7）어제이다 → _____　　8）오늘이다 → _____

● 練習2. 下線部を過去形に変え、日本語に翻訳して書いてみましょう

例 작년 크리스마스에 파티를 하다 → **했다** した　　　　　작년 / 去年

1）친구 집에서 파티를 열다　　　→ _____　　열다 / 開く

2）어머니하고 김밥을 만들다　　→ _____　　김밥 / のりまき

3）시장에서 호떡을 사다　　　　→ _____　시장 / 市場　호떡 / ホットク

4）저녁에 아르바이트를 하다　　→ _____　　저녁 / 夕方

5）어제 역에서 선배를 만나다　　→ _____　　역 / 駅

● 練習3. 例のように「〜서」をつかって文章を作り、話してみましょう　🎧 2-63

例 가 : 왜 그 영화를 안 봐요? (관심이 없다)　どうしてその映画を見ませんか？

　　나 : 관심이 없어서 안 봐요.　　　　関心（興味）がないので見ません。

1）가 : 왜 일찍 나가요? (길이 막히다)　　　　　　　나가다 / 出る

　　나 : _____　길이 막히다 / 道が混む

2）가 : 왜 여행 안 가요? (시간이 안 맞다)　　　　　맞다 / 合う

　　나 : _____

3）가 : 왜 점심을 안 먹어요? (아침을 많이 먹다)　　아침 / 朝ごはん

　　나 : _____

4）가 : 왜 약을 먹어요? (감기에 걸리다)　　감기에 걸리다 / 風邪をひく

　　나 : _____

5）가 : 왜 일찍 집에 가요? (내일 시험이 있다)　　　시험 / 試験

　　나 : _____

● 練習4．例のように「～고」をつかって、一つの文をつくりましょう 2-64

例 라면이 싸다 / 맛있다　　→ 라면이 싸고 맛있어요
ラーメンが安く**て**おいしいです。

1) 동생이 예쁘다 / 착하다　　→ _____　착하다 /善良だ

2) 이 가방이 크다 / 좋다　　→ _____　크다 /大きい

3) 맛있다 / 몸에 좋다　　→ _____　몸 /体

4) 이 운동화가 편하다 / 싸다 → _____　운동화 /運動靴

5) 경치가 좋다 / 상쾌하다　　→ _____
경치 /景色　상쾌하다 /爽やかだ

● 練習5．例のように過去形を使って今日の出来事（日記）を書いてみましょう 2-65

例	오늘은 기말 시험을 봤다.	기말 /期末　시험을 보다 /試験を受ける
	시험 공부를 열심히 했다.	열심히 /一生懸命
	생각보다 힘들었다.	생각보다 /思ったより
	많이 속상했다.	속상하다 /くやしい
	우연히 시후 씨를 만났다.	우연히 /偶然
	같이 밥을 먹었다.	
	시후 씨가 옆에 있어서 힘이 났다.	옆 /横　힘 /力　나다 /出る

第10課 トムヤンクンを食べに行きます

| ふつう 2-66 | **もうすぐ連休** |
| ゆっくり 2-67 | |

시　후: 이번 연휴에 어디 가요?

히카리: 태국에 가요.

시　후: 무엇을 하러 가요?

히카리: 톰양쿵을 먹으러 가요.

　　　　그리고 시간 있으면

　　　　코끼리도 타려고 해요.

시　후: 와! 부럽다. 잘 다녀와요.

🔍 語彙と表現

이번	今度の、次の	연휴 [여뉴]	連休
태국	タイ（国名）	-(으)러	〜に（目的）
톰양쿵＊	トムヤンクン（料理）	시간	時間
-(으)면	〜なら（条件）	코끼리	象
-(으)려고 하다	〜ようと（計画）	와!	わあ！
부럽다 [부럽따]	うらやましい	다녀오다	行ってくる

＊ここでは、톰양쿵としたが表記法は未確定で（国立国語院）、똠양꿍とする表記もよく見られ、索引には똠양꿍を掲載しました。

☞ ポイント1 「〜しに（行く / 来る）」 目的をあらわす

> ### パッチムの無い語幹 + 러
> ### パッチムの有る語幹 + 으러

2-68

（例）

パッチム無：	보다 ＋러	→	보러	見に
パッチム有：	먹다 ＋으러	→	먹으러	食べに
ㄹ 語幹用言：	만들다＋러	→	만들러	作りに

参考 ㄹ語幹動詞の場合、「으」はつけません。

☞ ポイント2 「〜れば、なら、たら」 仮定表現をあらわす

> ### パッチムの無い語幹 + 면
> ### パッチムの有る語幹 + 으면

2-69

（例）

パッチム無：	보다 ＋면	→	보면	見れば
パッチム有：	먹다 ＋으면	→	먹으면	食べれば
ㄹ 語幹用言：	만들다＋면	→	만들면	作れば

参考 ㄹ語幹動詞の場合、「으」はつけません。

☞ ポイント3 「〜しようと思う」 計画をあらわす

> ### パッチムの無い語幹 + 려고 하다
> ### パッチムの有る語幹 + 으려고 하다

2-70

（例）

パッチム無：	보다 ＋려고 하다	→	보려고 하다	見ようと思う
パッチム有：	먹다 ＋으려고 하다	→	먹으려고 하다	食べようと思う
ㄹ 語幹用言：	만들다＋려고 하다	→	만들려고 하다	作ろうと思う

参考 ㄹ語幹動詞の場合、「으」はつけません。

● 練習1. 例のように助詞を補って文章を作り、話してみましょう
2-71

㉠ 식당 / 밥 / 먹다

　가 : 식당에 무엇을 하러 가요?　　나 : 밥을 먹으러 가요.
　　　食堂に何をしに行きますか？　　　　ご飯を食べに行きます。

1) 마트 / 과일 / 사다　　　　　　　　　　　　　마트/マート　과일/果物

　가 : _____　나 : _____

2) 제주도 / 세계유산 / 보다　　　　　　제주도/済州島　세계유산/世界遺産

　가 : _____　나 : _____

3) 병원 / 검사 / 받다　　　　　　　　　　병원/病院　검사/検査

　가 : _____　나 : _____

4) 세탁소 / 옷 / 찾다　　　　세탁소/クリーニング屋　옷/服　찾다/取りに行く

　가 : _____　나 : _____

5) 이천 / 도자기 / 만들다　　　　　이천/利川 (地名)　도자기/陶磁器

　가 : _____　나 : _____

● 練習2. 例のように下線部を入れかえて、가の問いに答えてみましょう
2-72

㉠ 가 : 뭐 하면 기분이 좋아요? (노래하다)　　　何をしたら気分がいいですか？

　나 : 노래하면 기분이 좋아요.　　　　　　　歌を歌えば気分がいいです。

1) 가 : 뭐 하면 기분이 좋아요? (해외 여행을 하다)　　　　해외/海外

2) 가 : 뭐 하면 기분이 좋아요? (칭찬을 받다)　　칭찬/称賛、褒められること

3) 가 : 뭐 하면 기분이 좋아요? (친구하고 얘기하다)　　　얘기하다/話す

4) 가 : 뭐 하면 기분이 좋아요? (노래방에서 놀다)

5) 가 : 뭐 하면 기분이 좋아요? (깜짝 파티를 하다) 깜짝 파티/サプライズパーティー

● 練習 3．例のように問いの答えを書いて、話してみましょう

2-73

例　가 : 점심에 피자를 먹어요 ? （김밥을 먹다）　昼ご飯にピザを食べますか？

나 : 아니요, 김밥을 먹으려고 해요.　いいえ、のりまきを食べようと思います。

1)　가 : 방학에 유럽에 가요 ? （동남아시아에 가다）　유럽 / ヨーロッパ　동남아시아 / 東南アジア

　　나 : 아니요, _____

2)　가 : 식후에 우롱차를 마셔요 ? （카페라테를 마시다）　식후 / 食後　우롱차 / 烏龍茶

　　나 : 아니요, _____　카페라테 / カフェラテ

3)　가 : 주말에 애인을 만나요 ? （선배를 만나다）　애인 / 恋人

　　나 : 아니요, _____

4)　가 : 졸업식 때 기모노를 입어요 ? （정장을 입다）　졸업식 / 卒業式　때 / 時

　　나 : 아니요, _____　기모노 / 着物　정장 / スーツ

5)　가 : 어머니 생일에 케이크를 만들어요 ? （미역국을 만들다）

　　나 : 아니요, _____　케이크 / ケーキ　미역국 / わかめスープ

● 練習 4．次の日本語を韓国語に翻訳しましょう

1)　運動をしたら気分がいいです。　_____

2)　車があれば大阪に遊びに行きます。　_____

3)　約束がなければ家で勉強しようと思います。　_____

コラム　　ㄹ（리을）語幹の用言

どの言語であれ活用には例外的な規則がつきものです。

韓国語も同じです。それに当たるのが漢字の「己」に似ている「ㄹ（리을）語幹の用言」です。特に用言の活用において「ㄹ 語幹の用言」は、パッチムの有る語幹ですが例外的な活用をし、己（おのれ）の道を歩んでいます。活用には気をつけてください。

参考までに、「ㄹ」を書くときは、最後のハネはありません。

ㄹ ≠ 己

第11課 あとでSNSにあげますから

ふつう
2-74
ゆっくり
2-75

タイから帰ってきて

시　후： 연휴 잘 지냈어요?

히카리： 네. 아주 재미있었어요.

　　　　 사진도 많이 찍었어요.

시　후： 지금 볼 수 있어요?

히카리： 나중에 SNS에 올릴게요.

시　후： 알았어요. 기다릴게요.

　　　　 그래도 빨리 보고 싶어요.

🔍 語彙と表現

-았/었어요	過去形の해요体	아주	とても
사진	写真	찍다 [찍따]	撮る
지금	今	-(으)ㄹ 수 있다	〜できる（可能）
나중에	後で	SNS	SNS（ソーシャルネットワークサービス）
올리다	上げる、アップする	-(으)ㄹ게요	〜ますね（約束・宣言）
알다	知る、分かる	기다리다	待つ
그래도	それでも	빨리	はやく

👆 ポイント1　「〜でした、ました（か？）」 過去形の해요体

> 陽性母音の語幹　＋ 았
> 陰性母音の語幹　＋ 었　　　어요(?)
> 하다用言の語幹 ＋ 였 → 했

参考 합니다体の場合は、語幹＋**았/었**습니다です。

👆 ポイント2　「〜することができる」 可能をあらわす

> パッチムの無い語幹 ＋ ㄹ 수 있다
> パッチムの有る語幹 ＋ 을 수 있다

2-76

㋐ | パッチム無： | 가다＋ㄹ 수 있다 | → | 갈 수 있다 | 行ける |
|---|---|---|---|---|
| パッチム有： | 먹다＋을 수 있다 | → | 먹을 수 있다 | 食べられる |
| ㄹ語幹用言： | 놀다＋ㄹ 수 있다 | → | 놀 수 있다 | 遊べる |

＊－ㄹ 수 있다の発音は[－ㄹ 쑤 읻따]

参考 「〜することができない」は「－ㄹ 수 없다」を使います。

参考 ㄹ語幹用言の場合、「으」はつけず、「ㄹ」が重なります。

👆 ポイント3　「〜しますね、しますから」 約束をあらわす

> パッチムの無い語幹 ＋ ㄹ게요
> パッチムの有る語幹 ＋ 을게요

2-77

㋐ | パッチム無： | 자다　＋ㄹ게요 | → | 잘게요 | 寝ますね |
|---|---|---|---|---|
| パッチム有： | 받다　＋을게요 | → | 받을게요 | もらいますね |
| ㄹ語幹用言： | 만들다＋ㄹ게요 | → | 만들게요 | 作りますね |

＊－ㄹ게요の発音は[－ㄹ께요]

● 練習 1. 例のように文章を完成させて、話してみましょう 🎧
2-78

例 가 : <u>언제 친구를 만나다</u>　　　　나 : <u>어제 친구를 만나다</u>

　　가 : <u>언제 친구를 만났어요?</u>　　　いつ友だちに会い**ましたか**？

　　나 : <u>어제 친구를 만났어요.</u>　　　**昨日**友だちに会い**ました**。9課P.73参照

1) 가 : 방학 때 어디에 가다　　　　　나 : 한국에 가다

2) 가 : 저녁에 무엇을 먹다　　　　　　나 : 파스타를 먹다

3) 가 : 어제 밤에 무엇을 하다　　　　나 : 예습을 하다 밤/夜 예습/予習

4) 가 : 지금 인스타그램에 무엇을 올리다 나 : 이 카페 메뉴를 올리다

지금/今　올리다/上げる

● 練習 2. それぞれの動詞を「～(으)ㄹ 수 있다」に活用させましょう

1) 사다 _____ 　　2) 찾다 _____

3) 만나다 _____ 　　4) 만들다 _____

5) 놀다 _____ 　　6) 정하다 /決める _____

● 練習 3. 例のように文章を書いて、話してみましょう 🎧
2-79

例 가 : 한국어 하다　　나 : 중국어 하다

　　가 : <u>한국어 할 수 있어요?</u>　　韓国語**話せますか**？

　　나 : **네,** <u>할 수 있어요.</u>　　　はい、**話せます**。

　　　하지만 <u>중국어는 할 수 없어요.</u> ですが、中国語**は話せません**。

1) 가 : 수영 하다　　　나 : 스키 타다　　　　　　스키 타다/スキーする

　　가 : _____?

　　나 : 네, _____

　　　하지만 _____

2) 가 : 노래 하다　　　나 : 춤 추다　　　　　　춤/踊り　추다/踊る

　　가 : _____?

　　나 : 네, _____

　　　하지만 _____

3) 가 : 회의 시간에 문자 받다   나 : 전화 받다

회의 / 会議　문자 [문짜] / 携帯メール

가 : _____ ?

나 : 네, _____

　　하지만 _____

4) 가 : 한국 요리 만들다   나 : 프랑스 요리 만들다

가 : _____ ?

프랑스 / フランス

나 : 네, _____

　　하지만 _____

● 練習4. 例のように「〜 (으) 면」（文法編第10課ポイント2）を用いて文章をつなぎ、
語尾を「〜 (으) 게요」に活用しましょう

2-80

㋿ 비가 안 오다 / 가다

→ 비가 안 오면 갈게요.　　雨が降らな**ければ**行き**ますから**。

1) 지하철을 내리다 / 바로 전화하다

지하철 / 地下鉄　내리다 / 降りる　바로 / すぐに

→ _____

2) 연예인을 만나다 / SNS에 올리다

연예인 / 芸能人

→ _____

3) 돈이 모이다 / 유학을 가다

모이다 / 集まる　유학 / 留学

→ _____

4) 공항에 도착하다 / 연락을 하다

공항 / 空港　도착하다 / 到着する　연락 / 連絡

→ _____

参考 「留学に行く」は‘유학을 가다’と言います。

コラム 利川

利川（이천）には16世紀の初頭から陶磁器の窯があり、今も多くの作家たちの工房とギャラリーが集まっているため、陶磁器村、陶芸村と言われています。その中には陶磁器づくり体験が可能な工房もあります。陶磁器に関心のある方（特に青磁）は、ソウルから利川陶磁器村、陶芸村（이천 도자기마을，이천 도예마을）まで高速バスで約2時間の日帰り旅行はいかがですか。

第 12 課　新堂洞に行きましょうか？

 ふつう 2-81
 ゆっくり 2-82

トッポッキ専門店のメッカ

시　후：　우리 신당동 갈까요？

히카리：　신당동에 뭐가 있어요？

시　후：　떡볶이 전문점이 많아요.

히카리：　저는 떡볶이를 진짜 좋아해요.

시　후：　그럼 이번 주에 같이 갑시다.

히카리：　와~ 정말 기대돼요!

🔍 **語彙と表現**

우리	私たち	신당동	新堂洞（地名）
-(으)ㄹ까요?	～しょうか（意見を聞く）	떡볶이 [떡뽀끼]	トッポッキ
전문점	専門店	진짜	本当に
좋아하다	好む、好きだ	그럼	それでは
이번 주 [이번쭈]	今週	-(으)ㅂ시다	～ましょう（勧誘）
정말	本当に	기대되다	楽しみだ（期待する）

✋ ポイント1　「～が好きだ」　＊韓国語の直訳は「～を好む」

> パッチムの無い体言 ＋ 를 좋아하다
> パッチムの有る体言 ＋ 을 좋아하다

2-83

(例) パッチム無：　영화＋를　→　영화를 **좋아하다**　映画が好きだ

パッチム有：　등산＋을　→　등산을 **좋아하다**　登山が好きだ

✋ ポイント2　「～ましょうか？」　聞き手の意向をたずねる

> パッチムの無い語幹 ＋ ㄹ까요?
> パッチムの有る語幹 ＋ 을까요?

2-84

(例) パッチム無：　공부하다＋ㄹ까요?　→　공부할**까요?**　勉強しましょうか

パッチム有：　찾다　＋을까요?　→　찾을**까요?**　探しましょうか

ㄹ語幹用言：　놀다　＋ㄹ까요?　→　놀**까요?**　遊びましょうか

参考　ㄹ語幹用言の場合、「으」はつけず、「ㄹ」が重なります。

✋ ポイント3　「～ましょう」　勧誘をあらわす

> パッチムの無い語幹 ＋ ㅂ시다
> パッチムの有る語幹 ＋ 읍시다

2-85

(例) パッチム無：　가다＋ㅂ시다　→　갑시다　行きましょう

パッチム有：　먹다＋읍시다　→　먹읍시다　食べましょう

ㄹ語幹用言：　놀다＋ㅂ시다　→　놉시다　遊びましょう

＊-ㅂ시다の発音は［-ㅂ씨다］

参考　ㄹ語幹用言の場合、「ㅂ」が続くと、「ㄹ」がなくなります。

● 練習1. 例のように下線部の単語を入れかえて、話してみましょう
2-86

例 가 : 영화　　　　　나 : 코미디 영화

　　가 : 무슨 <u>영화</u>를 좋아해요?　　　何の**映画**が好きですか?

　　나 : <u>코미디 영화</u>를 좋아해요.　　**コメディー映画**が好きです。

1) 가 : 음식　　　　　나 : 한국 음식

2) 가 : 운동　　　　　나 : 테니스

3) 가 : 수업　　　　　나 : 한국어 수업

4) 가 : 계절　　　　　나 : 봄　　　　　　　계절 / 季節　봄 / 春

5) 가 : 음악　　　　　나 : 케이팝　　　　　케이팝 / Kポップ

● 練習2. 例のように活用させましょう

基本形	可能	～ましょうか?	勧誘
例 가다	갈 수 있다	갈까요?	갑시다
1) 먹다			
2) 앉다 / 座る*			
3) 기다리다			
4) 시키다			
5) 만들다			
6) 열다			

＊앉다の発音は [안따]

● 練習3. 例のように文章を完成させ、書いてみましょう
2-87

例 가 : 밥을 먹다 / 볼링을 하다

　　나 : 볼링을 하다 / 요즘 스트레스가 많다

　　가 : <u>밥을 먹</u>을까요?　　　　ご飯を**食べましょうか**?

　　　　아니면 <u>볼링을 하</u>ㄹ까요?　それともボーリングを**しましょうか**?

　　나 : <u>볼링을 하</u>ㅂ시다.　　　　ボーリングを**しましょう**。

　　　　<u>요즘 스트레스가 많</u>아요.　最近ストレスが**たまっています**。

86

1) 가 : 갈비를 먹다 / 삼겹살을 먹다
   나 : 삼겹살을 먹다 / 삼겹살이 더 싸다
   가 : _____?
       아니면 _____?
   나 : _____.
       _____.

2) 가 : 드라이브를 가다 / 기차 여행을 가다   기차 / 電車、列車
   나 : 기차 여행을 가다 / 운전에 자신이 없다   자신 / 自信
   가 : _____?
       아니면 _____?
   나 : _____.
       _____.

3) 가 : 홍대에서 놀다 / 한강에서 놀다   홍대 / ホンデ (弘大)
   나 : 한강에서 놀다 / 한강 라면이 인기가 많다
       한강 라면 / 漢江で作って食べるラーメン   인기 [인끼] / 人気
   가 : _____?
       아니면 _____?
   나 : _____.
       _____.

4) 가 : 치마를 입다 / 바지를 입다   치마 / スカート   바지 / ズボン
   나 : 바지를 입다 / 바지가 편하다
   가 : _____?
       아니면 _____?
   나 : _____.
       _____.

5) 가 : 과자를 만들다 / 케이크를 만들다   과자 / 菓子
   나 : 케이크를 만들다 / 오늘은 어머니 생일이다   오늘 / 今日
   가 : _____?
       아니면 _____?
   나 : _____.
       _____.

第  13 課　やっぱり私には……

ひかりの日記（2）

ふつう 3-1
ゆっくり 3-2

어제 선배하고 미팅을 하러 나갔다.

사람이 부족해서 나갔다.

키가 큰 사람, 얼굴이 작은 사람,

눈이 맑은 사람이 있었다.

그래도 나는 즐겁지 않았다.

역시 나에게는 시후 씨가 최고다.

🔍 語彙と表現

선배	先輩	미팅	合コン（meeting）
나가다	出ていく	부족하다 [부조카다]	足りない
키가 크다	背が高い	形容詞＋(으)ㄴ 名詞	形容詞の連体形
얼굴	顔	작다 [작따]	小さい
눈	目	맑다 [막따]	澄んでいる
나	私	즐겁다 [즐겁따]	楽しい
-지 않다	否定を表す	역시 [역씨]	やはり
名詞（人）에게	～に	名詞（人）에게는	～（人）には
최고	最高	名詞(이)다	～だ、である

参考 名詞(이)다（～だ、である）は、パッチムの無い名詞の場合、(이) が省略されます。

88

👆 ポイント1　形容詞＋ㄴ／은＋名詞　形容詞の連体形

パッチムの無い語幹 ＋ ㄴ 名詞
パッチムの有る語幹 ＋ 은 名詞

3-3

例

パッチム無：	예쁘다＋ㄴ 친구	→	예쁜 친구	きれいな友達
パッチム有：	좋다＋은 친구	→	좋은 친구＊	よい友達
ㄹ語幹用言：	길다＋ㄴ 머리	→	긴 머리	長い髪

＊ㅎ黙音化によって発音は[조은]

参考 ㄹ語幹用言の場合、「ㄴ」が続くと、「ㄹ」がなくなります。

👆 ポイント2　「～ない」　長い否定

パッチムの無い語幹
パッチムの有る語幹 ＋ 지 않다

3-4

例

パッチム無：	보다＋지 않다	→	보지 않다	見ない
パッチム有：	어렵다＋지 않다	→	어렵지 않다＊	難しくない
ㄹ語幹用言：	만들다＋지 않다	→	만들지 않다	作らない

＊－지 않다の発音は[－지 안타]
＊濃音化によって発音は[어렵찌]

参考 －지 않다と안に意味上の差はありませんが、会話では안を使う傾向があります。

👆 ポイント3　「～に」　人間や動物に対して使う

パッチムの無い名詞
パッチムの有る名詞 ＋ 에게

3-5

例

| パッチム無： | 개＋에게 | → | 개에게 | 犬に |
| パッチム有： | 동생＋에게 | → | 동생에게 | 弟・妹に |

● 練習1. 形容詞を活用させ、体言とつないでみましょう 🎧 3-6

例 많다＋사람 / 多い人 → 많은 사람

1) 예쁘다 ＋ 옷 / かわいい服 → _____

2) 좋다 ＋ 날씨 / 良い天気 → _____

3) 크다 ＋ 백화점 / 大きいデパート → _____

4) 길다 ＋ 치마 / 長いスカート → _____

5) 힘들다 ＋ 아르바이트 / つらいアルバイト → _____

● 練習2. 例のように下にある表現を連体形に活用し、話してみましょう 🎧 3-7

例 가 : 이 교실에 어떤 사람이 있어요?　この教室にどんな人がいますか？

　　나 : 마음이 예쁜 사람이 있어요.　　**心のきれいな**人がいます。

顔 얼굴이 예쁘다	心 **마음이 예쁘다**	性格 성격이 좋다*	声 목소리가 좋다*
키가 크다	夢 꿈이 크다	친구가 많다	돈이 많다
髪 머리가 길다	脚 다리가 길다	頭 머리가 좋다	小さい 얼굴이 작다

＊성격の発音は [성격]

＊목소리の発音は [목쏘리]

● 練習3. 例のように活用させましょう

基本形	長い否定形	長い否定形の해요体	長い否定形の합니다体
例 **가다**	가지 않다	가지 않아요	가지 않습니다
1) **먹다**			
2) **좋다**			
3) **울다**			
4) **웃다** / 笑う			

● 練習4. 例のように文章をつくって、話してみましょう 🎧
3-8

例 가 : 다리가 길어요?　나 : 아니요, 길지 않아요.
　　脚が**長いですか**？　　　　　　いいえ、**長くありません**。

1) 가 : 날씨가 좋아요?　나 : 아니요, _____
2) 가 : 학비가 싸요?　　나 : 아니요, _____　　학비/学費
3) 가 : 교실이 좁아요?　나 : 아니요, _____　　좁다/狭い
4) 가 : 버스가 편해요?　나 : 아니요, _____
5) 가 : 집이 멀어요?　　나 : 아니요, _____　　멀다/遠い

● 練習5. 例のように適当な助詞を下から選び、文章を完成させましょう

　　　　　에, 에서, 에게

例 선배 __에게__ 선물을 받았어요.

1) 친구 _____ 메일을 보냈어요.　　매일/メール　보내다/送る
2) 생일에 후배 _____ 전화를 받았어요.　　휴배/後輩
3) 누구 _____ 관심이 있어요?
4) 돈이 없으면 누구 _____ 연락해요?
5) 카페 _____ 아르바이트를 해요.
6) 집 앞 _____ 주차할 수 있어요.　　앞/前　주차/駐車
7) 방학 _____ 여행을 가요.
8) 책상 옆 _____ 창문이 있어요.　　책상/机　창문/窓
9) 편의점 _____ 커피를 사요.　　편의점/コンビニ
10) 공항 _____ 비행기를 타러 가요.　　비행기/飛行機

コラム　집들이

「집들이」とは引っ越しパーティーのことで、もてなし料理とプレゼントがつきもの。最近の人気は空気清浄機、加湿器等の小型家電、家事に不可欠な洗剤、ティッシュ、インテリア、などです。料理の定番は잡채、불고기、전골などがあります。料理には手間をかけて準備するもてなしの心が伺えます。

第 14 課 **来週に試験をします**

ふつう
3-9
ゆっくり
3-10

初めて迎えるテスト

선생님: 다음 주에 시험을 볼 거예요.

히카리: 이번 시험은 어려워요?

선생님: 아뇨, 별로 어렵지 않아요.

히카리: 그런데 선생님,

범위가 넓어서 걱정이에요.

선생님: 너무 걱정하지 말아요.

히카리 씨는 잘할 수 있어요.

語彙と表現

선생님	先生	다음 주	来週
시험을 보다	試験を行う、受ける	-(으)ㄹ 거예요	〜でしょう (意志、推測)
별로	あまり	그런데	ところで
범위	範囲	넓다 [널따]	広い
걱정 [걱쩡]	心配	너무	とても、あまりにも
걱정하다	心配する	-지 말다	動作の中止を要求する
잘하다 [자라다]	上手だ		

92

✌ ポイント1 「～つもりです、でしょう」 意志、推測をあらわす (해요体)

> パッチムの無い語幹 ＋ ㄹ 거예요
> パッチムの有る語幹 ＋ 을 거예요

3-11

例

パッチム無：	가다 ＋ ㄹ 거예요	→	갈 **거예요***	行くでしょう
パッチム有：	먹다 ＋ 을 거예요	→	먹을 **거예요**	食べるでしょう
ㄹ語幹用言：	놀다 ＋ ㄹ 거예요	→	놀 **거예요**	遊ぶでしょう

* — ㄹ 거예요の発音は [— ㄹ 꺼에요]

참고 ㄹ語幹用言の場合、「으」はつけず、「ㄹ」が重なります。

✌ ポイント2 「(動作を) しないでください」 動作の中止を要求する

> パッチムの無い語幹
> パッチムの有る語幹 ＋ 지 말아요

3-12

例

パッチム無：	보다 ＋ 지 말다	→	보지 **말아요**	見ないでください
パッチム有：	웃다 ＋ 지 말다	→	웃지 **말아요***	笑わないでください
ㄹ語幹用言：	만들다 ＋ 지 말다	→	만들지 **말아요**	作らないでください

*濃音化によって発音は [웃찌]

✌ ポイント3 ㅂ不規則の活用

語幹末がㅂで終わる用言のうち、母音が続く活用の場合に、ㅂが우に変わるものがあり、これをㅂ不規則活用という。

3-13

	基本形	해요体	합니다体	意味
ㅂ不規則の語幹	맵다	매워요	맵습니다	辛いです
	춥다	추워요	춥습니다	寒いです
ㅂ正規則の語幹	좁다	좁아요	좁습니다	狭いです
	입다	입어요	입습니다	着ます

참고 ㅂ不規則の陽性母音語幹は돕다 (手伝う), 곱다 (きれいだ) の二つしかありません。
この二つはㅂが오に変化し、それぞれ도와요, 고와요と活用します。

● 練習 1. 例のように表を完成させましょう

基本形	過去	意志・推測 (해요体)	禁止 (해요体)
例 읽다	읽었다	읽을 거예요	읽지 말아요
1) 보다			
2) 앉다			
3) 배우다			
4) 입다			
5) 만들다			

● 練習 2. 例のように文章を完成させて、話してみましょう 3-14

例　가 : 내일 무엇을 하다　　　　나 : 학교에서 공부하다

　　가 : 내일 무엇을 <u>할 거예요?</u>　明日、何をする**つもりですか?**

　　나 : <u>학교에서 공부할 거예요.</u>　学校で勉強する**つもりです。**

1) 가 : 친구 생일에 무엇을 하다　나 : 축하 메일을 보내다　축하/お祝い
2) 가 : 방학에 무엇을 하다　　　　나 : 그냥 집에 있다　　　그냥/ただ
3) 가 : 연휴에 무엇을 하다　　　　나 : 친구하고 놀다
4) 가 : 연말에 무엇을 하다　　　　나 : 설 음식을 만들다　연말/年末　설/お正月
5) 가 : 내년에 무엇을 하다　　　　나 : 교환 유학을 가다　내년/来年　교환/交換

● 練習 3. 例のように禁止の形に活用し、意味を考えながら書きましょう 3-15

例　수업 시간에 스마트폰을 봐요.　　　　授業中にスマートフォンを見ます。

　　→ 수업 시간에 스마트폰을 **보지 말아요.**　授業中にスマートフォンを**見ないでください。**

1) 극장에서 옆 사람하고 이야기해요.

　　→ _____

2) 미술관에서 사진을 찍어요.　　　　　　　　　　　미술관/美術館

　　→ _____

3) 수업 시간에 졸아요.　　　　　　　　　　　　졸다 / 居眠りする

　　→ _____

4) 약속 시간에 늦어요.　　　　　　　　　　　　늦다 / 遅れる

　　→ _____

5) 가게 앞에 주차해요.

　　→ _____

● 練習4. 例のように会話を完成させて、話してみましょう 🎧
3-16

例 가 : 겨울에 관광객이 적어요? (많다)　　冬に観光客が少ないですか？

　　나 : 아니요, **많을 거예요.**　　　　　　いいえ、**多いと思います。**

1) 가 : 동대문 시장이 비싸요? (싸다)
2) 가 : 방학 숙제가 있어요? (없다)
3) 가 : 백화점이 싸요? (비싸다)
4) 가 : 그 영화가 재미없어요? (재미있다)　　재미없다 / 面白くない
5) 가 : 제주도에서 스키 탈 수 있어요? (스키 탈 수 없다)

● 練習5. 例のように、下に与えられた単語を使って答えてみましょう 🎧
3-17

例 김치가 어때요?　어때요?/どうですか？　　**매워요. 맵습니다.**

1) 오늘 날씨가 어때요? _____
2) 한국어 공부가 어때요? _____
3) 아기 팬더가 어때요? _____
　　아기 / 赤ちゃん　팬더 / パンダ

> **맵다 / 辛い**　귀엽다 / かわいい　춥다 / 寒い
> 쉽다 / 易しい　어렵다 / 難しい　덥다 / 暑い

第 15 課　**カンブクスタイル**

ふつう
3-18
ゆっくり
3-19

懐かしい歌を今、聴いてみると

시　후：　이 노래 알아요?

히카리：　쏘이의 강북스타일이네요.

시　후：　네, 맞아요. 어떻게 알아요?

히카리：　한국에 오기 전에 많이 들었어요.

시　후：　그래요? 혹시 이 뮤비도 봤어요?

히카리：　네, 역시 춤도 가사도 재미있네요.

🔍 **語彙と表現**

노래	歌	쏘이	ソイ（人の名前）
강북스타일	江北スタイル（歌の題名）	맞다 [맏따]	合う
어떻게 [어떠케]	どうして	-기 전에	～する前に（先行動作）
듣다 [듣따]	聞く	그래요?	そうですか（相づち）
뮤비	ミュージックビデオ	춤	踊り
가사	歌詞	-네요	感嘆を現わす

参考 그래요는그렇다の해요体で、20課（P.117）で詳しく練習します。

☞ ポイント1　ㄷ不規則の活用

語幹末がㄷで終わる用言のうち、母音が続く活用の場合に、ㄷがㄹに変わるものがあり、これを
ㄷ不規則活用という。

3-20

	基本形	해요体	합니다体	意味
ㄷ不規則の語幹	듣다	들어요	듣습니다	聞きます
	걷다	걸어요	걷습니다	歩きます
ㄷ正規則の語幹	받다	받아요	받습니다	もらいます
	믿다	믿어요	믿습니다	信じます

☞ ポイント2　「～する前に」　後続文の動作が時間的に先行することをあらわす

パッチムの無い語幹
パッチムの有る語幹　＋ 기 전에

3-21

例

パッチム無：	오다＋기 전에	→	오기 전에	来る前に
パッチム有：	찾다＋기 전에	→	찾기 전에*	探す前に
ㄹ語幹用言：	놀다＋기 전에	→	놀기 전에	遊ぶ前に

＊濃音化によって発音は[찬끼]

☞ ポイント3　「～ですね」　感嘆をあらわす（해요体）

パッチムの無い語幹
パッチムの有る語幹　＋ 네요

3-22

例

パッチム無：	오다＋네요	→	오네요	来ますね
パッチム有：	찾다＋네요	→	찾네요*	探しますね
ㄹ語幹用言：	놀다＋네요	→	노네요	遊びますね

＊鼻音化によって発音は[찬네요]

参考　ㄹ語幹用言の場合、「ㄴ」が続くと、「ㄹ」がなくなります。

● 練習1. 例のように活用させましょう (ㄷ 不規則、ㄹ 語幹に注意)

基本形	합니다体	〜する前に	해요体	条件
例 듣다	듣습니다	듣기 전에	들어요	들으면
1) 걷다				
2) 받다				
3) 읽다				
4) 만들다				
5) 보다				

● 練習2. 例のように会話を完成させ、話してみましょう
3-23

例 가 : 수영하다

　　나 : 준비 운동을 하다　　　　　　　　　　　　　　　　　　　　　　준비 / 準備

→ 가 : 수영하기 전에 뭐 해요?　　水泳する前に何をしますか?

　　나 : 보통 준비 운동을 해요.　　普通準備運動をします。

1) 가 : 집을 나가다

　　나 : 거울을 보다　　　　　　　　　　　　　　　　　　　　　　　　거울 / 鏡

2) 가 : 식사를 주문하다　　　　　　　　　　　　　　　식사 / 食事　주문하다 / 注文する

　　나 : 메뉴를 정하다　　　　　　　　　　　　　　　　　　　　　　　메뉴 / メニュー

3) 가 : 집들이를 하다*　　　　　　　　　　　　　　　　집들이 / 引っ越しパーティー

　　나 : 청소를 하다

4) 가 : 취직하다　　　　　　　　　　　　　　　　　　　　　취직하다 / 就職する

　　나 : 졸업 여행을 가다　　　　　　　　　　　　　　　　　　　　　졸업 / 卒業

　　*집들이については、P.91のコラムを参照してください。

● 練習3．例のように適した表現を下から選び、'〜네요'の形で答えましょう 🎧 3-24

例　가：이 안경 어때요?　　このメガネどうですか？　　　　　　　　안경 / メガネ

　　나：잘 어울리네요.　　よく似合っていますね。

1) 가：이 사람 인스타그램 좀 보세요.　　　　　　　　　　　　　좀 / ちょっと

　　나：＿＿＿＿＿＿＿＿＿＿＿＿＿＿＿＿＿＿＿＿＿＿＿

2) 가：이 초밥 정식이 5만 원이에요.　　초밥 정식 / すし定食　5만 원 / 5万ウォン

　　나：＿＿＿＿＿＿＿＿＿＿＿＿＿＿＿＿＿＿＿＿＿＿＿

3) 가：어제 결승전을 봤어요?　　　　　　　　　　　　　결승전 / 決勝戦

　　나：＿＿＿＿＿＿＿＿＿＿＿＿＿＿＿＿＿＿＿＿＿＿＿

4) 가：스피치 대회에서 우수상을 받았어요. 스피치 / スピーチ　대회 / 大会　우수상 / 優秀賞

　　나：＿＿＿＿＿＿＿＿＿＿＿＿＿＿＿＿＿＿＿＿＿＿＿

5) 가：올해 4월부터 한국어를 시작했어요. 올해 / 今年　4월 / 4月　시작하다 / 始める

　　나：＿＿＿＿＿＿＿＿＿＿＿＿＿＿＿＿＿＿＿＿＿＿＿

> **잘 어울리다** / 그런데 잘하다 / 오! 정말 대박이다
> 사진이 정말 멋있다 / 정말 감동적이었다 / 우와! 비싸다

어울리다 / 似合う　대박 / すごい　멋있다 / かっこいい　감동적 / 感動的

● 練習4．例のように下に与えられた単語を使って文章を完成させましょう

例　우리의 사랑을 **믿어요. 믿습니다.**　　　　　　　　　　　사랑 / 愛

1) 하루에 삼십 분 ＿＿＿＿＿＿＿＿＿＿＿　　　　하루 / 一日　삼십 분 / 30分

2) 발음을 모르면 한국 친구에게 ＿＿＿＿＿＿＿＿＿＿　　모르다 / わからない

3) 생일에 선물을 ＿＿＿＿＿＿＿＿＿＿

4) 자기 전에 창문을 ＿＿＿＿＿＿＿＿＿＿

5) 좋은 음악을 ＿＿＿＿＿＿＿＿＿＿

> 묻다 / たずねる　듣다 / 聞く　걷다 / 歩く
> 받다 / もらう　**믿다 / 信じる**　닫다 / 閉める

第16課 漢江に行ったら……

ふつう
3-25
ゆっくり
3-26

ひかりの日記（3）

한강에 가면

잔디밭에서 쉬는 사람,

라면을 먹는 사람,

자전거를 타는 사람들이 있다.

그리고 유람선도 있으니까

야경을 즐기고 싶은 사람에게

추천하고 싶다.

🔍 語彙と表現

한강	漢江（河川の名前）	잔디밭	芝生
쉬다	休む	動詞＋는 名詞	動詞の連体形
라면	ラーメン	자전거	自転車
名詞들	〜たち、複数を表す	유람선	遊覧船
-(으)니까	〜ので（理由）	야경	夜景
즐기다	楽しむ	추천하다 [추처나다]	勧める（推薦する）

👆 ポイント1　動詞＋体言　動詞の現在連体形

パッチムの無い語幹
パッチムの有る語幹 ＋ 는 体言

3-27

例

パッチム無:	보다	＋는 사람	→	보는 **사람**	見る人
パッチム有:	찾다	＋는 사람	→	찾는 **사람** *	探す人
ㄹ語幹用言:	만들다	＋는 사람	→	만드는 **사람**	作る人

＊鼻音化によって発音は［찬는］

参考 ㄹ語幹用言の場合、「ㄴ」が続くと、「ㄹ」がなくなります。

👆 ポイント2　「～ので、から」　理由をあらわす

パッチムの無い語幹 ＋ 니까
パッチムの有る語幹 ＋ 으니까

3-28

例

パッチム無:	좋아하다	＋니까	→	좋아하니까	好きなので
パッチム有:	좋다	＋으니까	→	좋으니까	いいので
ㄹ語幹用言:	놀다	＋니까	→	노니까	遊ぶので

参考 ㄹ語幹用言の場合、「으」はつけません。
ㄹ語幹用言の場合、「ㄴ」が続くと、「ㄹ」がなくなります。

連体形のまとめ

3-29

動詞の場合	語幹＋는	例 잘 먹는 사람
形容詞の場合	語幹＋(으)ㄴ	例 바쁜 사람
있다/없다の場合	語幹＋는	例 시간 있는 사람

参考 있다/없다が含まれる'재미있다'や'맛있다'も、連体形は動詞のグルー
プと同じように活用させます。

参考 韓国語の形容詞の中には～하다の形をとる形容詞もあります。
例 조용하다（静かだ）→ 조용한 사람（静かな人）

● 練習1. 動詞を活用させ、体言とつないでみましょう 🎧 3-30

例 요즘 자주 보다 + 잡지 → 요즘 자주 보는 잡지

1) 요즘 자주 부르다 + 노래 → .... 부르다 / 歌う

2) 요즘 자주 듣다 + 음악 → ....

3) 요즘 자주 먹다 + 과자 → ....

4) 요즘 자주 가다 + 카페 → ....

5) 요즘 자주 만들다 + 음식 → ....

● 練習2. 用言を活用させ、体言とつないでみましょう 🎧 3-31

例 인기 있다 + 가수 → 인기 있는 가수

1) 여유 없다 + 회사원 → .... 여유 / 余裕

2) 맛있다 + 삼겹살 → ....

3) 멋있다 + 배우 → .... 배우 / 俳優

4) 재미있다 + 한국어 → ....

5) 재미없다 + 드라마 → ....

● 練習3. 例のように問いの答えを書いて、話してみましょう 🎧 3-32

例 가 : 어떤 친구가 있어요? (한국어를 좋아하다) どんな友達がいますか？

　　나 : 한국어를 좋아하는 친구가 있어요. **韓国語が好きな**友達がいます。

1) 가 : 어떤 친구가 있어요? (한국 드라마를 많이 보다)

　　나 : .... 친구가 있어요.

2) 가 : 어떤 친구가 있어요? (미국에 살다) 살다 / 住む、暮らす

　　나 : .... 친구가 있어요.

3) 가 : 어떤 친구가 있어요? (책을 많이 읽다)

　　나 : .... 친구가 있어요.

4) 가 : 어떤 친구가 있어요? (등산을 좋아하다)

　　나 : .... 친구가 있어요.

5) 가 : 어떤 친구가 있어요？ (한국어를 잘하다)

　　나 : _____ 친구가 있어요.

参考 ‘韓国語が上手だ’は‘한국어를 잘하다’ (韓国語を上手に話す) と表現します。助詞の違いに気を付けましょう。

● 練習4. 例のように会話を完成させ、話してみましょう
3-33

例 여기에서 사다 / 싸다

　　가 : **왜** 여기에서 사요？　　　なぜここで**買いますか**？

　　나 : 싸**니까** 여기에서 사요.　　安いからここで**買います**。

1) 비빔밥을 먹다 / 맛있다　　　　　　　　　　　　비빔밥/ビビンバ

2) 내일 만나다 / 오늘은 시간이 없다

3) 일찍 가다 / 집이 멀다

4) 한국 친구하고 놀다 / 한국어를 잘하고 싶다

5) 휴지를 많이 사다 / 집들이를 가다　　　　　　　휴지/ティッシュ

한다体とは？

日本の新聞の文末は「〜だ」調や「〜である」調で書かれています。韓国の新聞では日本語の「〜だ」調に相当する「한다体」を使います。新聞や論文、日記などの叙述形式の文章だけでなく、会話では非丁寧語の「반말 (半分の言葉)」とも混ぜて使われます。9課の本文は日記の内容なので、文末が過去形になっていますが、自分の意志を表すときには「한다体」を使います。

野外授業

ふつう
3-34

ゆっくり
3-35

授業に積極的に発言するひかり

과대표 :   선생님,

　　　　　 우리 야외 수업 안 해요?

히카리 :   선생님! 날씨 진짜 좋아요!

선생님 :   그럼 밖에서 수업을 합시다.

과대표 :   여러분! 한 시 반까지

　　　　　 잔디밭에 모이세요.

부대표 :   마지막 사람은

　　　　　 불을 끄고 나오세요.

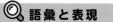

🔍 語彙と表現

과대표	学科の学生代表	**야외 수업**	野外授業
밖	外	**여러분**	みなさん
한 시 반	一時半	**名詞까지**	～まで
모이다	集まる	**-(으)세요**	～ください (尊敬語の命令形)
부대표	副代表	**마지막**	最後
불	灯り、火、電気	**끄다**	消す
-고	～て（動作の順序）	**나오다**	出てくる

104

👆 ポイント **1**　「～て」　動作の順序をあらわす　参考 9課（並列）

> ### パッチムの無い語幹
> ### パッチムの有る語幹 ＋ 고

3-36

例
パッチム無：	하다 ＋ 고	→	하고	して
パッチム有：	먹다 ＋ 고	→	먹고*	食べて
ㄹ語幹用言：	놀다 ＋ 고	→	놀고	遊んで

＊濃音化によって発音は[먹꼬]

👆 ポイント **2**　「～なさってください」　尊敬の命令をあらわす

> ### パッチムの無い語幹 ＋ 세요
> ### パッチムの有る語幹 ＋ 으세요

3-37

例
パッチム無：	보다 ＋ 세요	→	보세요	ご覧ください
パッチム有：	찾다 ＋ 으세요	→	찾으세요	お探しください
ㄹ語幹用言：	만들다 ＋ 세요	→	만드세요	お作りください

参考　ㄹ語幹用言の場合、「으」はつけません。

　　　　ㄹ語幹用言の場合、「ㅅ」が続くと、「ㄹ」がなくなります。

　　　　同じく、**합니다**体のときも「ㄹ」がなくなります。　　例　만들다 → 만듭니다

👆 ポイント **3**　「～まで」　時間、場所の範囲をあらわす

> ### パッチムの無い名詞
> ### パッチムの有る名詞 ＋ 까지

3-38

例
パッチム無：	여기 ＋ 까지	→	여기**까지**	ここまで
パッチム有：	오늘 ＋ 까지	→	오늘**까지**	今日まで

● 練習1. 例のように活用させましょう（ㄷ 不規則、ㄹ 語幹に注意）

基本形	합니다体	動作の順序	過去形	尊敬の命令
例 듣다	듣습니다	듣고	들었다	들으세요
1) 걷다				
2) 받다				
3) 읽다				
4) 만들다				
5) 켜다 / つける				

● 練習2. 例のように文章をつなぎましょう 🎧 3-39

例 밥을 먹다 / 커피를 마시다　　　→ <u>밥을 먹고 커피를 마셨어요.</u>
　　　　　　　　　　　　　　　　　　ご飯を食べてコーヒーを**飲みました。**

1) 저녁을 먹다 / 티브이를 보다　　　→ ------------------------------
　　　　　　　　　　　티브이 /TV

2) SNS를 보다 / 친구 신청을 하다　→ ------------------------------
　　　　　친구 신청을 하다 / 友達リクエストをする

3) 영화를 보다 / 울다　　　　　　　→ ------------------------------

4) 단어를 외우다 / 자다　　단어 / 単語 → ------------------------------

5) 컴퓨터를 켜다 / 검색하다　　　　→ ------------------------------
　　컴퓨터 / コンピューター　검색 / 検索

● 練習3. 例のように自分の答えを書き、話してみましょう 🎧 3-40

例 운동을 하고 뭐 해요?　　　　→ 운동을 하고 **샤워를 해요.**
　　運動して何しますか？　　　　　運動をして**シャワーをします。**

1) 티브이를 보고 뭐 해요?　　　→ ------------------------------

2) 아침을 먹고 뭐 해요?　　　　→ ------------------------------

3) 청소를 하고 뭐 해요?　　　　→ ------------------------------

4) 책을 읽고 뭐 해요?　　　　　→ ------------------------------

5) 수업이 끝나고 뭐 해요? 끝나다 / 終わる → ------------------------------

● 練習4. 例のように会話を完成させ、話してみましょう 🎧 3-41

㉖ 가 : 내일 시험이 있다　　나 : 열심히 공부하다

　　가 : 내일 시험이 있어요.　　나 : **그럼** 열심히 공부하**세요**.
　　　　明日試験が**あります**。　　　　では一生懸命勉強**してください**。

1) 가 : 피곤하다　　　　　　나 : 집에서 쉬다　　　　피곤하다 / 疲れた

　　가 : ＿＿＿＿＿＿＿＿＿＿　나 : 그럼 ＿＿＿＿＿＿＿＿＿

2) 가 : 한국어가 어렵다　　　나 : 저에게 질문하다　　　질문하다 / 質問する

　　가 : ＿＿＿＿＿＿＿＿＿＿　나 : 그럼 ＿＿＿＿＿＿＿＿＿

3) 가 : 한국 친구가 없다　　　나 : 동아리에 참가하다　　참가하다 / 参加する

　　가 : ＿＿＿＿＿＿＿＿＿＿　나 : 그럼 ＿＿＿＿＿＿＿＿＿

4) 가 : 한국 친구가 놀러 오다　나 : 나고야 성에 가다　　　성 / 城

　　가 : ＿＿＿＿＿＿＿＿＿＿　나 : 그럼 ＿＿＿＿＿＿＿＿＿

5) 가 : 모르는 단어가 있다　　나 : 인터넷으로 검색하다

　　가 : ＿＿＿＿＿＿＿＿＿＿　나 : 그럼 ＿＿＿＿＿＿＿＿＿

コラム　固有数詞とは？ 🎧 3-42

ここでは固有数詞を紹介します。この固有数詞は個数、人数、時間、歳、などを数える単位としてよく使います。なお、固有数詞の1〜4までと、20は助数詞前では「한, 두, 세, 네, 스무」になります。

1	2	3	4	5	6	7	8	9	10	20
하나	둘	셋	넷	다섯	여섯	일곱	여덟	아홉	열	스물
한	두	세	네							스무

㉖ 1個 : **한 개**、2人 : **두 명**、3時 : **세 시**

第18課 どこか悪いんですか？

ふつう
3-43

ゆっくり
3-44

調子の悪そうなひかりを見て

시 후: 히카리 씨, 어디 아파요?

히카리: 아뇨. 어제 잠을 잘 못 잤어요.

시 후: 왜 못 잤어요?

히카리: 오늘 시험 때문에

새벽까지 공부해야 했어요.

시 후: 그런데 시험은 잘 봤어요?

히카리: 아뇨. 그래서 슬퍼요.

🔍 語彙と表現

아프다	痛い、具合が悪い	잠	睡眠
못 [몯]	不可能を表す副詞	자다	寝る
왜	なぜ	오늘	今日
名詞 때문에	〜のせいで	새벽	朝方
-아/어/야 하다	義務を表す	슬프다	悲しい

☞ ポイント1　ㅡ不規則の活用

語幹末が‘ㅡ’で終わる用言が **아 / 어** を必要とするとき不規則活用となる。
陽性か陰性かは、‘ㅡ’の前の母音を見て判断し、‘ㅡ’はなくなる。

3-45

陽性母音の語幹 + 아 陰性母音の語幹 + 어	→	‘ㅡ’の前が **陽性母音 + 아** ‘ㅡ’の前が **陰性母音 + 어**

해요体の場合

陽性母音の語幹：　바쁘다 + 아요 → 바쁘아요 → 바빠요　忙しいです

陰性母音の語幹：　슬프다 + 어요 → 슬프어요 → 슬퍼요　悲しいです

参考 합니다体の場合は**아 / 어**が入らないので、活用が不規則になりません。
　　例 바쁘다 → 바쁩니다

参考 語幹が一文字の場合、어が結合します。**例** 크다 → 크어요 → 커요

☞ ポイント2　「〜できない」 못＋動詞　動詞の前に‘못’をつける

例 가다 → 못 가다 [몯까다]　　　놀다 → 못 놀다 [몬놀다]
　　　　　行けない　　　　　　　　　　遊べない

3-46

먹다 → 못 먹다 [몬먹따]　　　하다 → 못 하다 [모타다]
　　　食べられない　　　　　　　　できない

☞ ポイント3　「〜しなければならない、すべきだ」 義務をあらわす

陽性母音の語幹　+ 아 陰性母音の語幹　+ 어 하다用言の語幹 + 여 → 해	**야 하다**

3-47

例 陽性母音語幹：　알다 + 아야 하다 → 알아야 하다　　　　　　知るべきだ

陰性母音語幹：　있다 + 어야 하다 → 있어야 하다　　　　　　いるべきだ

하다用言の語幹：하다 + 여야 하다 → 하여야 하다 → 해야 하다　するべきだ

● 練習1. 例のように活用させましょう

基本形	합니다体	해요体	過去 (해요体)	尊敬 (해요体)
例 아프다	아픕니다	아파요	아팠어요	아프세요
1) 예쁘다				
2) 배고프다 / 空腹だ				
3) 슬프다				
4) 크다				
5) 쓰다				

● 練習2. 例のように会話を完成させ、書いて話してみましょう 🎧 3-48

例 가 : 요즘 바쁘다

　　가 : 요즘 바쁩니까?　　最近忙しいですか?

　　나 : 네, 바빠요.　　はい、忙しいです。

1) 가 : 머리가 아프다　　나 : 네, _____
2) 가 : 이 가방이 예쁘다　　나 : 네, _____
3) 가 : 지금 배고프다　　나 : 네, _____
4) 가 : 동생은 키가 크다　　나 : 네, _____
5) 가 : 편지를 자주 쓰다　　나 : 네, _____ 편지 / 手紙

● 練習3. 例のように会話を完成させ、話してみましょう 🎧 3-49

例 가 : 같이 한잔 하다　　　　　나 : 저는 술을 못 마시다

　　가 : 같이 한잔 합시다.　　　　一緒に一杯しましょう。

　　나 : 미안해요. 저는 술을 못 마셔요. ごめんなさい。私はお酒が飲めません。

1) 가 : 같이 시험 공부를 하다　　나 : 지금은 못 하다
2) 가 : 우리 스키를 타러 가다　　나 : 스키를 못 타다

3) 가 : 같이 점심을 먹다　　　　나 : 선약이 있어서 못 먹다

선약 / 先約

4) 가 : 같이 콘서트를 보러 가다　나 : 요즘 돈이 없어서 못 가다

5) 가 : 이 디브이디를 팔다　　　　나 : 추억이 있어서 못 팔다

디브이디 / DVD　팔다 / 売る　추억 / 思い出

● 練習4. 例の中から選んで、会話を完成させましょう

1) 자기 전에 무엇을 해야 해요?

　例　목욕을 하다, 불을 끄다

2) 집을 나가기 전에 무엇을 해야 해요?

　例　문단속을 하다, 거울을 보다

문단속 / 戸締り

3) 시험을 보기 전에 무엇을 해야 해요?

　例　공부를 하다, 노트를 요약하다

요약 / 要約

4) 유학을 가기 전에 무엇을 준비해야 해요?

　例　학교를 알아보다, 집을 알아보다

알아보다 / 調べる

5) 취직을 하기 전에 무엇을 해야 해요?

　例　정장을 사다, 면접을 준비하다

면접 / 面接

コラム　不規則な濃音化

3-50

韓国語には濃音化が起こる条件下でないのに濃音化が起こることがあります。来週 /
다음 주 [다음쭈]、文字 / 문자 [문짜]、事件 / 사건 [사껀]、内科 / 내과
[내꽈]、英語圏 / 영어권 [영어꿘] などがそれに当たりますが、徐々に慣れて
いけるといいですね。

第19課　みんな早口なので

ふつう
3-51
ゆっくり
3-52

来週のプレゼンを心配して

시　후: 이번 주에 조별 발표 하죠?

히카리: 네,

　　　　그런데 다들 말이 빨라서 힘들어요.

시　후: 같은 조에 선배는 안 계세요?

히카리: 4학년 선배가 한 분 계세요.

　　　　요즘 취직 때문에 많이 바쁘세요.

🔍 語彙と表現

조별	グループ別	발표	発表
-죠?	～ですよね（確認・同意）	다들	みんな
말	ことば	빠르다	速い
힘들다	大変だ、つらい	같다 [갇따]	同じだ
조	グループ（組）	계시다	いらっしゃる
-(으)세요	尊敬語の해요体	4학년 [사항년]	4年生（4学年）
한 분	お一人	固有数詞 분	～名（尊敬語の助数詞）
취직	就職	바쁘다	忙しい

👆 ポイント**1**　「〜ですよね」　確認や同意を求める

> パッチムの無い語幹
> パッチムの有る語幹 ＋ 죠

3-53

例　パッチム無：　오다＋죠　　→　　오죠　　　来ますよね

　　パッチム有：　찾다＋죠　　→　　찾죠＊　　探しますよね

　　ㄹ語幹用言：　놀다＋죠　　→　　놀죠　　　遊びますよね

＊濃音化によって発音は[찬쬬]

参考 －죠？は－지요？の縮約形です。

👆 ポイント**2**　ㄹ不規則の活用

語幹末が‘르’で終わる用言が **아/어** を必要とするとき不規則活用となる。

陽性か陰性かは、‘르’の前の母音を見て判断し、‘르’はなくなる。

> 陽性母音の語幹 ＋ 아
> 陰性母音の語幹 ＋ 어

→

> ‘르’の前が
> 陽性母音 ＋ ㄹ라
> ‘르’の前が
> 陰性母音 ＋ ㄹ러

3-54

例　陽性母音の語幹：　모르다＋아요

　　　　　　　　　　　→모 ＋ ㄹ라요　　→　　몰라요　　わかりません

　　陰性母音の語幹：　부르다＋어요

　　　　　　　　　　　→부 ＋ ㄹ러요　　→　　불러요　　歌います

👆 ポイント**3**　「〜なさいます(か?)」　尊敬をあらわす　参考 17課(尊敬の命令)

> パッチムの無い語幹＋ 세요 (?)
> パッチムの有る語幹＋ 으세요 (?)

● 練習1. 例のように適当な助詞を挿入し、話してみましょう
3-55

例 가 : 어디 / 가다　　　　　　나 : 학교 / 가다

　　가 : 어디에 가세요?　　　　どこに行かれますか?

　　나 : 학교에 가요.　　　　　学校に行きます。

1) 가 : 무엇 / 읽다　　　　　　나 : 신문 / 읽다　　　　　신문 / 新聞

2) 가 : 어디 / 가다　　　　　　나 : 동물원 / 가다　　　　동물원 / 動物園

3) 가 : 누구 / 찾다　　　　　　나 : 룸메이트 / 찾다　　룸메이트 / ルームメイト

4) 가 : 무슨 책 / 좋아하다　　　나 : 소설책 / 좋아하다　소설책 / 小説

5) 가 : 무엇 / 만들다　　　　　나 : 잡채 / 만들다　　　잡채 / チャプチェ

● 練習2. 例のように活用させましょう

基本形	합니다体	連体形	해요体	尊敬 (해요体)
例 모르다	모릅니다	모르는	몰라요	모르세요
1) 부르다				
2) 빠르다 / はやい				
3) 기르다 / 育てる				
4) 다르다 / 異なる				

● 練習3. 例のように適当な助詞を挿入し、話してみましょう
3-56

例 가 : 무슨 노래 / 부르다　　　나 : 한국 노래 / 부르다

　　가 : 무슨 노래를 불러요?　　何の歌を歌いますか?

　　나 : 한국 노래를 불러요.　　韓国の歌を歌います。

1) 가 : 무슨 동물 / 기르다　　　나 : 강아지 / 기르다　동물 / 動物　강아지 / 子犬

2) 가 : 무엇 / 빠르다　　　　　나 : 케이티엑스 / 빠르다

　　　　　　　　　　　　　　　빠르다 / 速い　케이티엑스 / KTX (韓国の高速列車)

3) 가 : 자식 / 무엇 / 모르다　　나 : 부모의 마음 / 모르다

　　　　　　　　　　　　　　　자식 / 子　부모 / 両親

114

● 練習4．次の用言を「〜죠」に活用させ、書いてみましょう
3-57

例 리코 씨는 한국어 발음이 좋다 　　　　　　　　　　　発音／発音

→ 　리코 씨는 한국어 발음이 <u>좋죠</u>? 　　りこさんは韓国語の発音がいい**ですよね**。

1) 한강 유람선은 여의나루역에서 타다 　　한강유람선／漢江遊覧船　여의나루역／ヨイナル駅

→ --

2) 일본어는 한국어하고 비슷하다 　　　　　　　　　　　비슷하다／似ている

→ --

3) 결혼식에서 친구들이 축가를 부르다 　　　　결혼식／結婚式　축가／祝歌

→ --

4) 호텔하고 비행기는 이미 예약했다 　　호텔／ホテル　이미／すでに　예약／予約

→ --

5) 어제 모임에서 과식했다 　　　　　　　　모임／集まり　과식／食べ過ぎ

→ --

コラム 　『**82年生まれ、キム・ジヨン**』

　　2016年に韓国で発表された話題のミリオンセラーが、2018年に日本でも紹介されるや、たちまち30万部を記録しました。こんな現象は、おそらく後にも先にも日韓の出版界では類を見ないのではないでしょうか。それほどにこの本への共感は大きく、同時に日韓の女性が置かれている立場は悲しいほど相似しているといえます。また韓国から輸入された「フェミニズム小説」という新しいジャンルが日本でどのように育っていくのかも気になるところです。

第20課 ホームステイはどうですか？

ふつう
3-58
ゆっくり
3-59

自分の家に招待したいシフ

시　후: 홈스테이 경험을 한번

　　　　해 보는 게 어때요?

히카리: 해 보고 싶은데

　　　　어떻게 하면 돼요?

시　후: 좋은 데가 있는데, 궁금해요?

히카리: 어딘데요?

시　후: 시후네 홈스테이예요.

히카리: <u>흐흐흐</u>.

🔍 語彙と表現

홈스테이	ホームステイ	경험	経験
한번	一度	해 보다	してみる
게	것이の縮約形	-(으)ㄴ데(요)	～ですけど（婉曲・前提）
-(으)면 되다	～したらよい（許可）	데	（～する）ところ
- 는데(요)	～ですけど（婉曲・前提）	궁금하다 [궁그마다]	気になる
名詞네	～の家	<u>흐흐흐</u>	小さく笑う声

ポイント1 ㅎ不規則の活用

語幹末がㅎで終わる用言のうち、母音が続く活用の場合に、ㅎがなくなるものがあり、これをㅎ不規則活用という。아/어が続くときは、ㅐ/ㅒになる。

参考 ㅒになるものは하얗다（白い）→ 하얘요のみ。

3-60

	基本形	意味	해요体	합니다体	尊敬
ㅎ不規則の語幹	어떻다	どうだ	어때요	어떻습니까	어떠세요
	그렇다	そうだ	그래요	그렇습니다	그러세요
ㅎ正規則の語幹	좋다	よい	좋아요	좋습니다	좋으세요
	넣다	入れる	넣어요	넣습니다	넣으세요

ポイント2 「〜ですが」 ①婉曲な語尾 ②後続文の前提

パッチムの無い動詞語幹
パッチムの有る動詞語幹 + 는데(요)

3-61

例
パッチム無： 가다＋는데 → 가는데(요) 行きますが

パッチム有： 먹다＋는데 → 먹는데(요)* 食べますが

ㄹ語幹用言： 놀다＋는데 → 노는데(요) 遊びますが

＊鼻音化によって発音は[먹는데요]

参考 ㄹ語幹用言の場合、「ㄴ」が続くと、「ㄹ」がなくなります。

있다, 없다のグループの場合は、語幹＋는데　　　例 맛있는데

形容詞の場合は、語幹＋(으)ㄴ데　　　例 바쁜데, 매운데

〜이다の場合は、語幹＋ㄴ데　　　例 학생인데

過去形の場合は、動詞・形容詞にかかわらず、語幹았/었는데　　　例 먹었는데, 좋았는데

3-62

● 練習1. 例のように活用させましょう

基本形	해요体	過去形	連体形	합니다体
例 이렇다 / こうだ	이래요	이랬다	이런	이렇습니다
1) 그렇다 / そうだ				
2) 노랗다 / 黄色い				
3) 좋다				

● 練習2. 次の用言を活用させ、体言とつないでみましょう

1) 이렇다 + 것 / こういうもの　　　　　→ ....

2) 그렇다 + 말 / そういう言葉　　　　　→ ....

3) 어떻다 + 사람 / どんな人 (ある人)　　→ ....

4) 노랗다 + 바나나 / 黄色いバナナ　　　→ ....

5) 좋다 + 아르바이트 / いいアルバイト　→ ....

● 練習3. 次の用言を「〜(으)ㄴ데요」に活用させましょう 🎧 3-63
頭が痛いんですけど。

例 머리가 아프다 → 머리가 <u>아픈데요</u>.

1) 교통편이 안 좋다 / 交通の便がよくない　　　　　　　　　　→ ....

2) 마음이 따뜻하다 / 心が温かい　　　　　　　　　　　　　　→ ....

3) 양이 많다 / 量が多い　　　　　　　　　　　　　　　　　　→ ....

4) 약속 장소가 멀다 / 約束場所(待ち合わせの場所)が遠い → ....

5) 화장실에 가고 싶다 / トイレに行きたい　　　　　　　　　→ ....

● 練習4. 次の用言を「〜는데요」に活用させましょう 🎧 3-64

例 이 영화가 재미있다　　　　　　　→ 이 영화가 <u>재미있는데요</u>.
この映画がおもしろいんですけど。

1) 지금부터 시작하다 / これから始まる　→ ....

2) 지하철을 타다 / 地下鉄に乗る　　　　→ ....

3) 멋있다 / 格好いい　　　　　　　　　　→ ....

4) 잘 가르치다 / 上手に教える　　　　→ _____

5) 마음에 들다 / 気に入る　　　　　　→ _____

● 練習5. 二つの文章の意味を考え「～(으)ㄴ/는데」でつなぎ、書いてみましょう

1) 교통편이 안 좋다 / 다음에 갑시다.　　　　　　　　　　다음 / つぎ

_____

2) 약속 장소가 멀다 / 택시를 탑시다.　　　　　　　　　택시 / タクシー

_____

3) 양이 많다 / 같이 먹읍시다.

_____

4) 슬슬 시작하다 / 자리에 앉읍시다.　　슬슬 / そろそろ　시작하다 / 始まる　자리 / 席

_____

5) 이 집 떡볶이가 맛있다 / 시킵시다.

_____

● 練習6. 例のように「～(으)ㄴ/는데」でつないで、話してみましょう 🎧
3-65

例　가 : 동아리가 어때요? (연습이 힘들다 / 재미있다)　サークルはどうですか？

　　나 : <u>연습이 힘든데</u> 재미있어요.　　　練習が**大変ですが**、おもしろいです。

1) 가 : 여기는 뭐가 맛있어요? (떡볶이가 맛있다 / 예약이 안 되다) 되다 / なる、できる

　　나 : _____

2) 가 : 그 영화가 재미있어요? (괜찮다 / 2프로 부족하다) 프로 / パーセント　부족하다 / 足りない

　　나 : _____

3) 가 : 남자·여자 친구가 어때요? (유머가 없다 / 착하다)　　유머 / ユーモア

　　나 : _____

4) 가 : 대학교가 어때요? (교통은 불편하다 / 시설이 좋다)
대학교 / 大学　교통 / 交通　불편하다 / 不便だ　시설 / 施設

　　나 : _____

5) 가 : 한국어가 어때요? (재미있다 / 어렵다)

　　나 : _____

復習をしましょう 2

● 練習1．次の質問に韓国語で答えて、書いてみましょう

1) 누구에게 관심이 있어요？ (13課) ....

2) 언제 바빠요？ (18課) ....

3) 맛있고 친절한 한국 식당이 어디예요？
   (9、13課) ....

4) 운전할 수 있어요？ (11課) ....

5) 무슨 일 있어요？ 안색이 안 좋아요. (9課) ....
   ((아 / 어) 서を使用すること)

● 練習2．次の日本語を韓国語に翻訳しましょう

1) 家でトッポッキを作りません。(8課) ....

2) 学校の休みに旅行やアルバイトをします。(8課) ....

3) 卒業式にスーツを着ようと思います。(10課) ....

4) 空港に着いたら連絡しますね。(10課) ....

5) 何に関心がありますか。(7課) ....

6) 約束時間に遅れないでください。(14課) ....

7) 昨日BSTの歌を聴きました。(15課) ....

8) 韓国語が上手な友達がいますか。(14課) ....

9) 知らない単語はネットで検索してください。(16、17課) ....

10) 私はお酒が飲めません。(11課) ....

● 練習3．次の表を完成させましょう

基本形	意味	아/어해요	았/었다	면	ㅂ시다	ㄹ 거예요	連体形ㄴ	連体形는	기 전에
보다									
찍다									
놀다									
찾다									
쓰다									
있다									
좋다									
바쁘다									
춥다									

● 練習4．下の接続表現を用いて、文をつなぎましょう（1度しか使えません）

> －서　－(으)면　－기 전에　－(으)니까　－고　－(으)ㄴ데/는데

1) 동아리 연습이 힘들다 / 재미있어요.

2) 교통편이 안 좋다 / 다음에 갑시다.

3) 너무 피곤하다 / 집에서 쉬세요.

4) 저녁을 먹다 / 티브이를 보는데요.

5) 떡볶이가 맛있다 / 많이 먹었다.

6) 집들이를 가다 / 휴지를 많이 샀어요.

● 練習5．聞き取りの問題です。次の内容をよく聞いて、下の問いに韓国語で答えましょう
3-66

1) 히카리 씨는 무엇을 하러 한국에 왔습니까?

2) 히카리 씨는 어디에 자주 갑니까?

3) 히카리 씨는 자기 전에 무엇을 하는 것을 좋아합니까?

索引

韓日索引

과식	食べ過ぎ	文法編19課
과일	果物	文法編10課
과자	菓子	文法編12課
관광객	観光客	文法編14課
관심	関心	文法編7課
광화문	光化門(クァンファムン、地名)	文法編3課
괜찮다	大丈夫だ	文法編7課
교과서	教科書	文字編5課、文法編3課
교실	教室	文法編4課
교육학	教育学	文法編3課
교통	交通	文法編20課
교통편	交通(交通便)	文法編20課
구	九	文字編8課
구두	革靴	文字編3課、文法編6課
국문학	国文学	文法編3課
국수	そうめん	文法編2課
굳이	あえて	文法編4課
궁	王宮	文法編3課
궁금하다	気になる	文法編20課
귀엽다	かわいい	文法編14課
규슈	九州	文法編6課
그	その	文法編6課
그것	それ	文法編2課
그냥	ただ	文法編14課
그래도	それでも	文法編11課
그래서	それで	文法編8課
그래요(?)	そうしましょう、そうです(か)	
		文字編3課、文法編15課
그런데	ところで	文法編14課
그럼	では	文字編5課、文法編12課
그렇다	そうだ	文法編20課
그렇지	そうだよ	文字編6課
그리고	そして	文字編5課
극장	劇場、映画館	文法編4課
금요일	金曜日	復習1
기념품	記念品	文法編8課
기다려요	待っています	文字編3課
기다리다	待つ	文法編4課

기다리세요	待ってください	文字編5課
기대되다	楽しみだ	文法編12課
기르다	育てる	文法編19課
기말	期末	文法編9課
기모노	着物	文法編10課
기분	気分	文法編9課
기사	記事	文字編3課
기자	記者	文字編3課
기차	汽車	文法編12課
길다	長い	文法編9課
길이 막히다	道が混む	文法編9課
김밥	のりまき	文法編9課
김치	キムチ	文字編5課、文法編2課
김치찌개	キムチチゲ	文字編8課、文法編7課

ㄲ		
깜짝 파티	サプライズパーティー	文法編10課
꽃	花	文字編8課、文法編7課
꿈	夢	文法編13課
끄다	消す	文法編17課
끝	終わり	文字編8課
끝나다	終わる	文法編17課

ㄴ		
나	私	文法編13課
나가다	出る	文法編9課
나고야	名古屋	文法編1課
나다	出る	文法編9課
나라	国	文字編2課
나오다	出てくる	文法編17課
나중에	後で	文法編11課
날씨	天気	文法編9課
남동생	弟	文法編4課
남산	南山(ナムサン、地名)	文字編4課
남자 친구	彼氏	文法編4課
낮	昼	文字編8課
낮잠	昼寝	文字編8課
내과	内科	文法編18課

韓国語	日本語	出典
내년	来年	文法編14課
내리다	降りる	文法編11課
내일	明日	文字編3課、文法編6課
냉면	冷麺	文字編8課
너무	とても	文字編2課、文法編14課
너의	君の	文字編6課
넓다	広い	文法編14課
넣다	入れる	文法編20課
넣자	入れよう	文字編6課
네	はい	文字編3課、文法編2課
네	四つの	文法編17課
～네	～の家	文法編20課
넷	四つ	文法編17課
노랗다	黄色い	文法編20課
노래	歌	文字編4課、文法編1課
노래방	カラオケ	文字編4課、文法編4課
노래하다	歌う	文法編10課
노트	ノート	文法編18課
녹화	録画	文字編6課
놀다	遊ぶ	文法編7課
놓아요	置きます	文法編8課
누구	誰	文字編3課、文法編4課
누나	男性からみた姉	文字編4課
눈	目	文法編13課
눈 축제	雪祭り	文法編5課
뉴스	ニュース	文法編5課
늦다	遅れる	文法編14課

ㄷ

韓国語	日本語	出典
다르다	異なる	文法編19課
다리	脚	文法編13課
다섯	五つ	文法編17課
다시	もう一度	文字編3課
다음	次	文法編20課
다음 주	来週	文法編14課
단어	単語	文法編17課
닫다	閉める	文法編15課
달	月	文字編7課
다녀오다	行ってくる	文法編10課
다들	みんな	文法編19課
대만	台湾	文字編4課
대박	すごい	文法編15課
대학교	大学(校)	文法編20課
대학생	大学生	文字編2課、文法編1課
대회	大会	文法編15課
댄스	ダンス	文法編1課
더	もっと(より)	文法編6課
더워요	暑いです	文法編6課
덥다	暑い	文法編14課
데	(～する)ところ	文法編20課
데이트	デート	文法編5課
도로	道路	文字編3課
도서관	図書館	文字編3課
도시	都市	文字編3課
도시락	お弁当	文法編6課
도자기	陶磁器	文法編10課
도착하다	到着する	文法編11課
독서	読書	文法編1課
돈	お金	文法編6課
돈을 찾다	お金を下す	文法編7課
돕다	助ける、手伝う	文法編14課
동남아시아	東南アジア	文法編10課
동대문시장	東大門市場(トンデムンシジャン)	文法編7課
동물	動物	文法編19課
동물원	動物園	文法編19課
동생	弟、妹	文字編4課、文法編3課
동아리	サークル	文法編4課
동영상	動画	文法編4課
되다	なる、できる	文法編20課
돼요?	いいです(か)	文字編6課
돼지	豚	文字編6課、文法編2課
돼지갈비	豚カルビ	文字編8課、文法編2課
두	二つの	文法編17課
두부	豆腐	文字編3課
둘	二つ	文法編17課
들	～たち	文法編16課

드라마	ドラマ	文法編5課
드라이브	ドライブ	文法編3課
드셔 보세요	召し上がってみてください	文字編5課
듣다	聞く	文法編5課
들어가다	入る	文法編20課
디브이디	DVD	文法編18課

ㄸ

따뜻하다	温かい	文法編20課
딸	娘	文字編7課
땀	汗	文法編9課
때	時	文法編10課
떡볶이	トッポッキ	文法編7課
똠양꿍	トムヤンクン	文法編10課

ㄹ

라디오	ラジオ	文字編3課
라면	ラーメン	文字編2課
라테	ラテ	文法編8課
룸메이트	ルームメイト	文法編19課
리포트	レポート	文法編6課

ㅁ

마루	板の間	文字編2課
마시다	飲む	文法編4課
마음	心	文法編13課
마음에 들다	気に入る	文法編20課
마지막	最後	文法編17課
마트	マート	文字編5課、文法編10課
막걸리	マッコリ、にごり酒	文法編9課
만나다	会う	文法編4課
만들다	作る	文法編6課
많다	多い	文法編5課
많이	たくさん	文法編8課
말	ことば	文法編19課
맑다	澄んでいる	文法編13課
맛있다	おいしい	文法編6課
맛있어요(?)	おいしいです(か)	文字編5課

망고 빙수	マンゴーかき氷	文字編5課
맞다	合う	文法編9課
맵다	辛い	文法編6課
머리	頭、髪	文字編2課、文法編13課
먹다	食べる	文法編5課
먹어요(?)	食べます(か)	文字編8課
먹읍시다	食べましょう	文字編8課
먼저	まず	文字編8課
멀다	遠い	文法編13課
멋있다	格好いい	文法編15課
메뉴	メニュー	文字編4課、文法編11課
메일	メール	文法編13課
면접	面接	文法編18課
명동	ミョンドン(明洞、地名)	文字編4課
모녀	母と娘(母女)	文字編2課
모르다	知らない、わからない	文法編15課
모임	集まり	文法編19課
모이다	集まる	文法編11課
모자	帽子	文字編3課
목소리	声	文法編13課
목욕	お風呂	文法編4課
목요일	木曜日	復習1
몸	体	文字編4課、文法編9課
무료	無料	文法編3課
무리	無理	文法編2課
무슨	何の	文法編12課
무엇	何	文法編3課
문단속	戸締り	文法編18課
문자	携帯メール(文字)	文法編11課
문화유산	文化遺産	文法編3課
묻다	たずねる	文法編15課
물	水	文字編4課
뭐	何	文字編5課、文法編7課
뭐예요?	何ですか	文字編5課
뭘	何を(무엇을の略語)	文法編8課
뭘 드려요?	何になさいますか	文字編5課
뮤비	ミュージックビデオ	
		文字編3課、文法編15課

미국	アメリカ	文法編16課
미술관	美術館	文法編14課
미안해요	ごめんなさい	文法編18課
미역국	わかめスープ	文法編10課
미팅	合コン(meeting)	文法編13課
믿다	信じる	文法編15課

	ㅂ	
바나나	バナナ	文法編20課
바다	海	文字編3課
바로	すぐに	文法編11課
바빠요 (?)	忙しいです(か)	文字編7課
바쁘다	忙しい	文法編18課
바지	ズボン	文字編3課、文法編12課
밖	外	文字編8課、文法編17課
반	半	文字編4課
반갑습니다	お会いできて嬉しいです	文字編1課
받다	もらう	文字編8課、文法編5課
발음	発音	文法編19課
발표	発表	文法編19課
밤	夜	文字編4課、文法編11課
밥	ご飯	文字編6課、文法編7課
방	部屋	文字編4課、文法編6課
방학	学校の長期休暇	文法編8課
배고프다	空腹だ	文法編18課
배우	俳優	文字編4課、文法編16課
배우다	学ぶ	文法編5課
배워요	習います	文法編5課
백 칠십 이	172	文法編8課
백화점	デパート	文字編6課、文法編4課
버스	バス	文法編8課
번	番	文法編8課
범위	範囲	文法編14課
법학	法学	文法編3課
별로	あまり	文法編14課
병원	病院	文法編10課
보내다	送る	文法編13課
보다	見る	文法編4課

보세요	見てください	文字編3課
보육사	保育士	文法編3課
보통	普通	文法編4課
볼링	ボーリング	文法編12課
봄	春	文法編12課
봐요	会いましょう	文字編3課
뵙다	お目にかかる	文法編6課
분	～名	文法編19課
부대찌개	プデチゲ	文字編8課
부대표	副代表	文法編17課
부럽다	うらやましい	文法編10課
부르다	歌う、呼ぶ	文法編19課
부모	両親(父母)	文字編3課、文法編19課
부산	プサン(釜山、地名)	文法編4課
부엌	台所	文字編8課
부족하다	足りない	文法編13課
부탁하다	お願いする	文法編6課
부탁합니다	お願いします	文字編1課、文法編1課
부탁해요	お願いします	文字編6課
북촌	プクチョン(北村、地名)	文法編8課
북한산	プカンサン(北漢山、地名)	文法編9課
불	灯り、火、電気	文法編17課
불고기	プルコギ	文字編4課、文法編2課
불편하다	不便だ	文法編20課
브라질	ブラジル	文字編4課
비가 오다	雨が降る	文法編11課
비교문화학	比較文化学	文法編3課
비다	空く	文字編7課
비빔밥	ビビンバ	文法編16課
비슷하다	似ている	文法編19課
비싸다	(値段が)高い	文法編6課
비싸요 (?)	(値段が)高いです(か)	文字編7課
비행기	飛行機	文法編13課
빈대떡	緑豆のチヂミ	文法編2課

	ㅃ	
빠르다	速い	文法編19課
빨리	はやく	文法編11課

빵	パン	文法編7課
삐다	ひねる	文字編7課

<table>
<tr><td colspan="3" align="center">ㅅ</td></tr>
<tr><td>사</td><td>四</td><td>文字編8課</td></tr>
<tr><td>사건</td><td>事件</td><td>文法編18課</td></tr>
<tr><td>사다</td><td>買う</td><td>文法編6課</td></tr>
<tr><td>사람</td><td>人</td><td>文字編4課、文法編1課</td></tr>
<tr><td>사랑</td><td>愛</td><td>文法編15課</td></tr>
<tr><td>사랑하다</td><td>愛する</td><td>文法編9課</td></tr>
<tr><td>사요 (?)</td><td>買います (か)</td><td>文字編7課</td></tr>
<tr><td>사 월</td><td>4月</td><td>文法編15課</td></tr>
<tr><td>사진</td><td>写真</td><td>文字編7課</td></tr>
<tr><td>사 학년</td><td>4年生</td><td>文法編19課</td></tr>
<tr><td>사회학</td><td>社会学</td><td>文法編3課</td></tr>
<tr><td>산</td><td>山</td><td>文字編4課、文法編4課</td></tr>
<tr><td>산책</td><td>散歩</td><td>文法編3課</td></tr>
<tr><td>살다</td><td>住む、暮らす</td><td>文法編16課</td></tr>
<tr><td>삼</td><td>三</td><td>文字編8課</td></tr>
<tr><td>삼겹살</td><td>サムギョプサル</td><td>文字編8課、文法編12課</td></tr>
<tr><td>삼계탕</td><td>サムゲタン(参鶏湯)</td><td>文法編2課</td></tr>
<tr><td>삼십 분</td><td>30分</td><td>文法編15課</td></tr>
<tr><td>상추</td><td>サンチュ</td><td>文字編8課</td></tr>
<tr><td>상쾌하다</td><td>爽やかだ</td><td>文法編9課</td></tr>
<tr><td>새벽</td><td>朝方、夜明け</td><td>文法編18課</td></tr>
<tr><td>생각보다</td><td>思ったより</td><td>文法編9課</td></tr>
<tr><td>생방송</td><td>生放送</td><td>文法編5課</td></tr>
<tr><td>생일</td><td>誕生日</td><td>文字編6課、文法編5課</td></tr>
<tr><td>생활</td><td>生活</td><td>文法編6課</td></tr>
<tr><td>샤워</td><td>シャワー</td><td>文法編4課</td></tr>
<tr><td>서기</td><td>書記</td><td>文法編3課</td></tr>
<tr><td>서울</td><td>ソウル(地名)</td><td>文字編4課</td></tr>
<tr><td>선물</td><td>プレゼント</td><td>文字編6課、文法編1課</td></tr>
<tr><td>선배</td><td>先輩</td><td>文法編4課</td></tr>
<tr><td>선생님</td><td>先生</td><td>文法編14課</td></tr>
<tr><td>선약</td><td>先約</td><td>文法編18課</td></tr>
<tr><td>설</td><td>お正月</td><td>文法編14課</td></tr>
<tr><td>설날</td><td>元旦</td><td>文法編1課</td></tr>
</table>

성	城	文法編17課
성격	性格	文法編13課
세	三つの	文法編17課
세계	世界	文法編3課
세계유산	世界遺産	文法編10課
셋	三つ	文法編17課
세탁소	クリーニング屋	文法編10課
소녀	少女	文法編3課
소설책	小説	文法編19課
속상하다	くやしい	文法編9課
쇼핑	買い物	文法編1課
수업	授業	文法編5課
수영	水泳	文法編3課
수요일	水曜日	復習1
숙제	宿題	文法編5課
순대	スンデ(韓国式腸詰)	文法編8課
술	酒	文字編4課、文法編18課
쉬다	休む	文法編8課
쉽다	易しい	文法編14課
스마트폰	スマートフォン	文字編5課、文法編14課
스무	二十の	文字編17課
스물	二十	文字編17課
스웨터	セーター	文字編6課
스키	スキー	文法編11課
스키 타다	スキーする	文法編11課
스키야키	すき焼き	文法編2課
스트레스	ストレス	文法編12課
스포츠 관전	スポーツ観戦	文法編3課
스피치	スピーチ	文法編15課
슬슬	そろそろ	文法編20課
슬프다	悲しい	文法編18課
시간	時間	文法編6課
시계	時計	文法編3課
시설	施設	文法編20課
시작하다	始まる	文法編20課
시작하다	始める	文法編15課
시장	市場	文法編9課
시키다	注文する	文法編8課

시험	試験	文法編9課
시험을 보다	試験を受ける	文法編9課
식당	食堂	文字編8課、文法編3課
식사	食事	文法編15課
식후	食後	文法編10課
신당동	シンダンドン(新堂洞、地名)	文法編12課
신문	新聞	文字編4課、文法編19課
신청	リクエスト(申請)	文法編17課
십	十	文字編8課

ㅆ

싸다	安い	文法編4課
싸요	安いです	文字編7課
쓰다	書く	文法編6課
씨	～さん	文字編2課

ㅇ

아	あ	文字編8課
아야	痛い!	文字編2課
아기	赤ちゃん	文法編14課
아까	さっき	文字編7課
아뇨	いいえ	文字編2課、文法編2課
아니면	それとも	文法編12課
아니요	いいえ	文法編14課
아르바이트	アルバイト	文法編6課
아버지	父	文字編3課、文法編3課
아이스크림	アイスクリーム	文字編5課
아이치	愛知	文法編3課
아저씨	おじさん	文法編8課
아주	とても	文法編6課
아침	朝、朝ごはん	文法編5課
아프다	痛い、具合が悪い	文法編18課
아홉	九つ	文法編17課
안경	眼鏡	文法編15課
안녕하세요?	こんにちは	文字編1課、文法編6課
안녕히 가세요	さようなら(立ち去る人に)	文字編3課
안색	顔色	復習2

앉다	座る	文法編12課
알다	知る	文法編7課
알아보다	調べる	文法編18課
암기	暗記	文字編4課
앞	前	文字編8課、文法編13課
앞으로	これから	文法編6課
애인	恋人	文法編10課
야경	夜景	文法編16課
야구	野球	文字編3課、文法編3課
야구장	野球場	文法編4課
야외 수업	野外授業	文法編17課
약	薬	文字編6課、文法編9課
약사	薬剤師	文法編3課
약속	約束	文法編5課
얇다	薄い	文法編7課
양	量	文法編20課
얘기	話	文字編4課
얘기하다	話す	文法編10課
어느	どの	文字編2課
어디	どこ	文字編3課、文法編3課
어때요?	どうですか	文字編7課、文法編14課
어떤	どんな	文法編13課
어떻게	どうやって	文字編8課、文法編15課
어떻다	どうだ	文法編20課
어렵다	難しい	文法編6課
어머나	あらま	文字編2課
어머니	母	文字編2課、文法編1課
어서 오세요	いらっしゃいませ	文字編5課
어울리다	似合う	文法編15課
어제	昨日	文字編4課、文法編9課
언니	妹からみた姉	文字編4課、文法編3課
언제	いつ	文法編8課
얼굴	顔	文法編13課
없다	ない、いない	文法編5課
에스엔에스(SNS)	SNS	文法編11課
여섯	六つ	文字編17課
역	駅	文字編6課、文法編9課
여기	ここ	文字編4課、文法編1課

여기요	すみません	文字編8課	오 만원	5万ウォン	文字編15課
여덟	八つ	文字編17課	오전	午前	文法編4課
여동생	妹	文字編4課、文法編1課	오후	午後	文法編4課
여러분	みなさん	文法編17課	올리다	上げる、アップする	文法編11課
여우	きつね	文字編2課	올해	今年	文法編15課
여유	余裕	文字編2課、文法編16課	옷	服	文字編8課、文法編10課
여의나루역	ヨイナル駅(駅名)	文法編19課	오늘	今日	文字編4課、文法編9課
여자 친구	彼女	文法編20課	오다	来る	文法編6課
여행	旅行	文法編1課	오랜만	久しぶり	文法編9課
역	駅	文字編6課	오렌지주스	オレンジジュース	文法編2課
역시	やはり	文法編13課	옷가게	服屋	文字編8課
연락	連絡	文法編11課	옷장	たんす	文字編8課
연락하다	連絡する	文法編13課	와!	わあ!	文字編6課、文法編10課
연말	年末	文法編14課	와요	来ます	文字編5課
연습	練習	文法編20課	와인	ワイン	文法編4課
연예인	芸能人	文法編3課	와플	ワッフル	文字編6課
연휴	連休	文法編10課	왜	なぜ	文法編9課
열	とお、十	文字編17課	왜요？	どうして？	文字編6課
열다	開く	文法編9課	외국	外国	文字編6課
열심히	一生懸命	文法編9課	외국어	外国語	文字編6課
열어 보세요	開けてみてください	文字編6課	외국어 공부	外国語の勉強	文法編3課
영	零、ゼロ	文字編8課	외국인	外国人	文字編6課
영문학	英文学	文法編3課	외식	外食	文字編8課
영어권	英語圏	文法編18課	외우다	覚える	文字編8課
영화	映画	文法編4課	외출하다	外出する	文法編6課
영화 감상	映画鑑賞	文法編1課	요가	ヨガ	文字編3課、文法編3課
영화관	映画館	文法編4課	요리	料理	文字編2課、文法編7課
옆	隣、横	文法編9課	요리사	コック	文法編3課
옆방	隣の部屋	文字編8課	요약	要約	文法編18課
옆집	隣の家	文字編8課	요즘	最近	文法編16課
예뻐요	きれいです	文字編7課	우동	うどん	文字編4課、文法編8課
예쁘다	きれいだ	文字編7課、文法編9課	우롱차	烏龍茶	文法編10課
예습	予習	文法編11課	우리	私たち	文字編2課、文法編12課
예약	予約	文法編19課	우수상	優秀賞	文法編15課
오	五	文字編8課	우아	優雅	文字編1課
오사카	大阪	文法編10課	우연히	偶然	文法編9課
오사카역	大阪駅	文字編6課	우유	牛乳	文字編2課
오이	きゅうり	文字編1課	우와	うわー	文法編15課

잡채	チャプチェ	文法編 19 課	주소	住所	文字編 3 課
장미꽃	バラの花	文法編 5 課	주의	注意	文字編 6 課
장소	場所	文法編 20 課	주차	駐車	文法編 13 課
재미없다	おもしろくない	文法編 14 課	주차하다	駐車する	文法編 14 課
재미있다	おもしろい	文法編 6 課	준비	準備	文法編 15 課
저	私 (謙譲語)	文字編 1 課、文法編 1 課	중국어	中国語	文法編 8 課
저것	あれ	文法編 2 課	중학생	中学生	文法編 1 課
저고리	チョゴリ	文字編 3 課	즐겁다	楽しい	文法編 13 課
저녁	夕方、夕ご飯	文字編 7 課、文法編 9 課	즐기다	楽しむ	文法編 16 課
적다	少ない	文法編 14 課	지갑	財布	文字編 6 課、文法編 7 課
전공	専攻	文法編 3 課	지구	地球	文字編 3 課
전문점	専門店	文法編 12 課	지금	今	文字編 4 課、文法編 11 課
전통	伝統	文法編 8 課	지내다	過ごす	文法編 11 課
전화	電話	文法編 8 課	지하철	地下鉄	文字編 5 課、文法編 11 課
점심	昼、昼ご飯	文法編 8 課	직업	職業	文法編 3 課
정말	本当に	文字編 6 課、文法編 12 課	진짜	本当に	文字編 7 課、文法編 12 課
정상	山頂 (頂上)	文法編 9 課	질문하다	質問する	文法編 17 課
정장	スーツ	文法編 10 課	집	家	文字編 6 課、文法編 1 課
정하다	決める	文法編 11 課	집들이	引っ越し祝い	文法編 15 課
제	私の	文法編 1 課			
제주도	済州島 (地名)	文法編 10 課			
조	グループ (組)	文法編 19 課		**ㅉ**	
조깅	ジョギング	文法編 3 課	짜다	塩辛い	文字編 7 課
조미료	調味料	文字編 3 課	짜요 (?)	塩辛いです (か)	文字編 7 課
조별	グループ別	文法編 19 課	짜장면	ジャージャー麺	文字編 8 課、文法編 2 課
조용하다	静かだ	文法編 16 課	짬뽕	チャンポン	文字編 8 課
졸다	居眠りする	文法編 14 課	찍다	撮る	文法編 7 課
졸업	卒業	文法編 15 課			
졸업식	卒業式	文法編 10 課		**ㅊ**	
좀	少し、ちょっと	文法編 15 課	차	お茶、車	文字編 5 課、文法編 10 課
좁다	狭い	文法編 13 課	차다	冷たい	文字編 7 課
종묘	宗廟 (王様の墓)	文法編 3 課	착하다	善良だ	文法編 9 課
좋다	よい	文字編 6 課、文法編 6 課	참가하다	参加する	文法編 17 課
좋아하다	好む、好きだ	文法編 12 課	찻집	喫茶店	文法編 8 課
좋아해요	好みます、好きです	文法編 8 課	창덕궁	昌徳宮 (チャンドックン)	文法編 3 課
주말	週末	文法編 4 課	창문	窓	文法編 13 課
주문하다	注文する	文法編 15 課	찾다	捜す、取りに行く	文法編 6 課
주세요	ください	文字編 3 課	책	本	文字編 6 課、文法編 3 課
			책상	机	文法編 13 課

日韓索引

いらっしゃる	계시다	文法編19課		お菓子	과자	文法編12課
いる	있다	文法編7課		お金	돈	文法編6課
入れよう	넣자	文字編6課		置きます	놓아요	文法編8課
入れる	넣다	文法編20課		起きる	일어나다	文法編6課
インスタグラム	인스타그램	文法編4課		送る	보내다	文法編13課
インターネット	인터넷	文法編1課		遅れる	늦다	文法編14課
烏龍茶	우롱차	文法編10課		教える	가르치다	文法編20課
ウェイター	웨이터	文字編6課		おじさん	아저씨	文法編8課
ウエハース	웨하스	文字編6課		お正月	설	文法編14課
ウォン	원	文法編15課		お茶	차	文字編5課
薄い	얇다	文法編7課		弟	남동생	文法編4課
うそ	거짓말	文法編1課		弟、妹	동생	文字編4課、文法編3課
歌	노래	文字編4課、文法編1課		踊り	춤	文法編11課
歌う	노래하다	文法編10課		踊る	추다	文法編11課
歌う	부르다	文法編16課		同じだ	같다	文法編19課
うどん	우동	文字編4課、文法編8課		お願いします	부탁합니다	文字編1課
海	바다	文字編3課		お願いします	부탁해요	文字編6課
売る	팔다	文法編18課		お願いする	부탁하다	文法編1課
うらやましい	부럽다	文法編10課		お一人	한 분	文法編19課
嬉しいです	반갑습니다	文法編1課		お風呂	목욕	文法編4課
うわー！(感嘆詞)	우와!	文法編15課		お弁当	도시락	文法編6課
運転	운전	文法編5課		覚える	외우다	文法編8課
運動	운동	文法編1課		お待ちください	기다리세요	文字編5課
運動靴	운동화	文法編9課		お店	가게	文字編4課、文法編8課
映画鑑賞	영화감상	文法編1課		おめでとう	축하해요	文法編6課
英語圏	영어권[영어꿘]	文法編18課		お目にかかる	뵙다	文法編6課
英文学	영문학	文法編3課		お面	탈	文字編7課
駅	역	文字編6課、文法編9課		思い出	추억	文法編18課
SNS	에스엔에스	文法編11課		おもしろい	재미있다	文法編6課
お！(感嘆詞)	오!	文法編15課		おもしろくない	재미없다	文法編14課
おいしい	맛있다	文法編6課		思ったより	생각보다	文法編9課
おいしいです(か)	맛있어요(?)	文字編5課		降りる	내리다	文法編11課
お祝い(祝賀)	축하	文法編14課		オレンジジュース	오렌지주스	文法編2課
王宮	궁	文法編3課		下ろす(お金を)	찾다	文法編7課
王様	임금님	文法編3課		終わり	끝	文字編8課
多い	많다	文法編5課		終わる	끝나다	文法編17課
大きい	크다	文法編9課		音楽	음악	文法編1課
大阪駅	오사카역	文字編6課		音楽鑑賞	음악 감상	文法編1課

136

日本語	韓国語	課	日本語	韓国語	課
着物	기모노	文法編10課	KTX	케이티엑스	文法編19課
九	구	文字編8課	芸能人	연예인	文法編3課
休暇	휴가	文字編5課	Kポップ	케이팝	文法編12課
牛乳	우유	文字編2課	ケーキ	케이크	文法編10課
今日	오늘	文字編4課、文法編12課	ゲーム	게임	文法編1課
教育学	교육학	文法編3課	劇場	극장	文法編4課
教科書	교과서	文字編5課、文法編3課	景色	경치	文法編9課
教室	교실	文法編4課	消す	끄다	文法編17課
去年、昨年	작년	文法編9課	結婚式	결혼식	文法編19課
距離	거리	文法編3課	決勝戦	결승전	文法編15課
着る	입다	文法編5課	月曜日	월요일	復習1
きれいだ	예쁘다	文字編7課、文法編9課	検査	검사	文法編10課
きれいだ	곱다	文法編14課	検索する	검색하다	文法編17課
きれいです	예뻐요	文字編7課	建築家	건축가	文法編3課
銀行	은행	文法編7課	子	자식	文法編19課
銀行員	은행원	文法編3課	五	오	文字編8課
金曜日	금요일	復習1	子犬	강아지	文法編19課
光化門(クァンファムン・地名)			恋人	애인	文法編10課
	광화문	文法編3課	公園	공원	文法編7課
空港	공항	文法編11課	交換	교환	文法編14課
偶然	우연히	文法編9課	高校生	고등학생	文字編4課
空腹だ	배고프다	文法編18課	合コン	미팅	文法編13課
薬	약	文字編6課、文法編9課	こうだ	이렇다	文法編20課
ください	주세요	文字編3課	紅茶	홍차	文字編5課
果物	과일	文法編10課	交通	교통	文法編20課
口	입	文字編6課	交通の便	교통편	文法編20課
国	나라	文字編2課	後輩	후배	文法編13課
くやしい	속상하다	文法編9課	公務員	공무원	文法編3課
暮らす	살다	文法編16課	こうやって	이렇게	文字編8課
クリスマス	크리스마스	文法編9課	声	목소리	文法編13課
クリーニング屋(洗濯所)	세탁소	文法編10課	コーヒー	커피	文字編5課、文法編5課
来る	오다	文法編6課	国文学	국문학	文法編3課
グループ	조	文法編19課	ここ	여기	文字編4課、文法編1課
グループ別	조별	文法編19課	午後	오후	文法編4課
経験	경험	文法編20課	ココア	코코아	文字編5課、文法編8課
経済学	경제학	文法編3課	ここのつ、ここのつの	아홉	文法編17課
警察官	경찰관	文法編3課	心	마음	文法編13課
携帯メール	문자	文法編11課	午前	오전	文法編4課

コチュジャン	고추장	文字編5課	雑誌	잡지	文法編16課
コック	요리사	文法編3課	さつまいも	고구마	文字編3課
コップ	컵	文字編6課、文法編3課	サプライズパーティー	깜짝 파티	文法編10課
こと、もの	것	文法編20課	寒い	춥다	文法編14課
ことが(것이の縮約形)	게	文法編20課	寒いです	추워요	文字編6課
今年	올해	文法編15課	サムギョプサル	삼겹살 文字編8課、文法編12課
異なる	다르다	文法編19課	参鶏湯	삼계탕	文法編2課
ことば	말	文法編19課	さようなら	안녕히 가세요	文字編3課
五人分	오인분	文字編8課	爽やかだ、爽快だ	상쾌하다	文法編9課
この	이	文字編4課、文法編6課	三	삼	文字編8課
この人	이 사람	文法編1課	～さん	～ 씨 文字編2課、文法編7課
ご飯	밥	文字編6課、文法編7課	参加する	참가하다	文法編17課
コメディー	코미디	文法編12課	3時	세 시	文法編17課
ごめんなさい	미안해요	文法編18課	三十分	삼십 분	文法編15課
これ	이거	文字編3課	サンチュ	상추	文字編8課
これ	이것	文法編1課	山頂(頂上)	정상	文法編9課
これから	앞으로	文法編6課	三人分	3인분	文字編8課
コンサート	콘서트 文字編5課、文法編18課	散歩	산책	文法編3課
今週	이번 주	文法編12課	四	사	文字編8課
今度、次	다음	文法編20課	ジーンズ	청바지	文法編5課
今度の、今回の	이번	文法編10課	塩辛い	짜다	文字編7課
こんにちは	안녕하세요? 文字編1課、文法編6課	塩辛いです	짜요	文字編7課
コンビニ	편의점	文法編13課	四月	사 월	文法編15課
コンピューター	컴퓨터 文字編5課、文法編17課	時間	시간	文法編6課
			試験	시험	文法編9課

さ

			試験を受ける、行う	시험을 보다	文法編9課
さあ	자	文字編8課	事件	사건 [사껀]	文法編18課
サークル	동아리	文法編4課	自信	자신	文法編12課
最近	요즘	文法編12課	静かだ	조용하다	文法編16課
最後	마지막	文法編17課	施設	시설	文法編20課
最高	최고 文字編6課、文法編13課	七	칠	文字編8課
財布	지갑 文字編6課、文法編7課	質問する	질문하다	文法編17課
探す	찾다	文法編6課	してみてください	해 보세요	文字編8課
咲く	피다	文字編7課	してみる	해 보다	文法編20課
酒	술 文字編4課、文法編18課	自転車	자전거	文法編8課
撮影地、ロケ地	촬영지	文法編5課	芝生	잔디밭	文法編16課
サッカー	축구	文法編3課	します	합니다	文法編1課
さっき	아까	文字編7課	閉める	닫다	文法編15課

ジャージャー麺	짜장면	文字編8課、文法編2課		睡眠、眠り	잠	文法編17課
社会学	사회학	文法編3課		水曜日	수요일	復習1
写真	사진	文法編7課		スーツ	정장	文法編10課
シャワー	샤워	文法編4課		スカート	치마	文法編12課
十	십	文字編8課		スキー	스키	文法編11課
住所	주소	文字編3課		スキーする	스키 타다	文法編11課
就職	취직	文法編18課		好きだ、好む	좋아하다	文法編12課
就職する	취직하다	文法編15課		好きです	좋아해요	文法編8課
週末	주말	文法編4課		すき焼き	스키야키	文法編2課
十万	십만	文法編1課		すぐ	곧	文字編6課
授業	수업	文法編5課		少ない	적다	文法編14課
祝歌	축가	文法編19課		すぐに	바로	文法編11課
祝賀	축하	文字編6課		すごい、最高	대박	文法編15課
宿題	숙제	文法編5課		すし	초밥	文法編15課
趣味	취미	文字編6課、文法編1課		すし定食	초밥 정식	文法編15課
準備	준비	文法編15課		勧める(推薦する)	추천하다	文法編16課
称賛、褒められること	칭찬	文法編10課		すでに	이미	文法編19課
少女	소녀	文字編3課		ストレス	스트레스	文法編12課
少々(時間)	잠시만	文字編5課		スピーチ	스피치	文法編15課
上手だ	잘하다	文法編14課		スピーチ大会	스피치 대회	文法編15課
小説	소설책	文法編19課		スポーツ	운동 , 스포츠	文法編1課
書記	서기	文字編3課		スポーツ観戦	스포츠 관전	文法編3課
ジョギング	조깅	文法編3課		ズボン	바지	文字編3課、文法編12課
職業	직업	文字編3課		スマートフォン	스마트폰	文字編5課、文法編14課
食後	식후	文法編10課		すみません(呼びかけ)	여기요	文字編8課
食事	식사	文法編15課		する	하다	文法編4課
食堂	식당	文字編8課、文法編3課		座る	앉다	文法編12課
知らない	모르다	文法編15課		スンデ	순대	文法編8課
調べる	알아보다	文法編18課		澄んでいる	맑다	文法編13課
資料	자료	文法編6課		性格	성격 [성격]	文法編13課
知る	알다	文法編6課		生活	생활	文法編6課
城	성	文法編17課		セーター	스웨터	文字編6課
信じる	믿다	文法編15課		世界	세계	文法編3課
シンダンドン(新堂洞・地名)	신당동	文法編12課		世界遺産	세계유산	文法編10課
心配	걱정	文法編14課		背が高い	키가 크다	文法編13課
心配する	걱정하다	文法編14課		席	자리	文字編3課、文法編20課
新聞	신문	文字編4課、文法編19課		狭い	좁다	文法編13課
水泳	수영	文法編3課		ゼロ(0)	영	文字編8課

専攻	전공	文法編 3 課
先生	선생님	文法編 14 課
先輩	선배	文法編 4 課
専門店	전문점	文法編 12 課
先約	선약	文法編 18 課
善良だ	착하다	文法編 9 課
ソイ (架空の歌手)	쏘이	文法編 15 課
象	코끼리	文法編 10 課
掃除する	청소하다	文法編 6 課
そうしましょう	그래요	文字編 3 課
そうだ	그렇다	文法編 20 課
そうだよ	그렇지	文字編 6 課
そうです	그래요	文法編 15 課
そうめん	국수	文法編 2 課
ソウル	서울	文字編 4 課
ソーシャル・ネットワーキング・サービス (SNS)		
	SNS	文法編 11 課
そして	그리고	文法編 5 課
育てる	기르다	文法編 19 課
卒業	졸업	文法編 15 課
卒業式	졸업식	文法編 10 課
外	밖	文字編 8 課、文法編 17 課
その	그	文法編 6 課
それ	그것	文法編 2 課
それから、そして	그리고	文法編 5 課
それで	그래서	文法編 8 課
それでは	그럼	文法編 12 課
それでも	그래도	文法編 11 課
そろそろ	슬슬	文法編 20 課

た

～だ	～이다	文法編 9 課
タイ (国名)	태국	文法編 10 課
大会	대회	文法編 15 課
大学	대학	文法編 6 課
大学 (校)	대학교	文法編 20 課
大学生	대학생	文字編 2 課、文法編 1 課
大学の学費 (登録金)	등록금	文法編 13 課

大丈夫だ	괜찮다	文法編 7 課
台所	부엌	文字編 8 課
たいへんだ、つらい	힘들다	文法編 6 課
台湾	대만	文字編 4 課
高い	비싸다	文法編 6 課
高いです (か)	비싸요	文字編 7 課
たくさん	많이	文字編 8 課
たずねる	묻다	文法編 15 課
ただ、何もせず	그냥	文法編 14 課
～たち	～들	文法編 16 課
楽しい	즐겁다	文法編 13 課
楽しみだ (期待する)	기대되다	文法編 12 課
楽しむ	즐기다	文法編 16 課
食べ過ぎ (過食)	과식	文法編 19 課
食べましょう	먹읍시다	文字編 8 課
食べます (か？)	먹어요 (?)	文字編 8 課
食べ物	음식	文法編 7 課
食べる	먹다	文法編 5 課
足りない	부족하다	文法編 13 課
誰	누구	文字編 3 課、文法編 4 課
単語	단어	文字編 4 課、文法編 17 課
誕生日	생일	文字編 6 課、文法編 5 課
たんす	옷장	文字編 8 課
ダンス	댄스	文法編 1 課
小さい	작다	文法編 13 課
済州島 (地名)	제주도	文法編 10 課
地下鉄	지하철	文字編 5 課、文法編 11 課
力	힘	文法編 9 課
地球	지구	文法編 3 課
チケット	표	文字編 5 課
父、お父さん	아버지	文字編 3 課、文法編 3 課
チャプチェ	잡채	文法編 19 課
昌徳宮 (チャンドックン)	창덕궁	文法編 3 課
ちゃんぽん	짬뽕	文字編 8 課
注意	주의	文字編 6 課
中学生	중학생	文法編 1 課
中国語	중국어	文法編 8 課
駐車する	주차하다	文法編 13 課

昼食	점심	文法編8課	唐辛子	고추	文字編5課
注文する	시키다	文法編8課	陶磁器	도자기	文法編10課
注文する	주문하다	文法編15課	どうして、なぜ	왜	文法編9課
調味料	조미료	文字編3課	どうしてですか？	왜요？	文字編6課
チョゴリ(伝統服の上着)	저고리	文字編3課	どうだ	어떻다	文法編6課
ちょっと	좀	文法編15課	到着する	도착하다	文法編11課
宗廟(王様の墓)	종묘	文法編3課	どうですか？	어때요？	文字編7課、文法編14課
疲れた、疲れている	피곤하다	文法編17課	東南アジア	동남아시아	文法編10課
月	달	文字編7課	豆腐	두부	文字編3課
次	다음	文法編20課	動物	동물	文法編19課
机	책상	文法編13課	動物園	동물원	文法編19課
作る	만들다	文法編6課	どうやって、どうして	어떻게	文字編8課、文法編15課
つける	켜다	文法編17課	道路	도로	文字編3課
冷たい	차다	文字編7課	遠い	멀다	文法編13課
つらい	힘들다	文法編13課	とき	때	文法編10課
定食	정식	文法編15課	時々	가끔	文法編4課
DVD	디브이디	文法編18課	読書	독서	文法編1課
ティッシュ	티슈	文字編5課	時計	시계	文法編3課
ティッシュ(休紙)	휴지	文法編16課	どこ、どこか	어디	文字編3課、文法編3課
デート	데이트	文法編5課	～ところ	～데	文法編20課
手紙	편지	文法編18課	ところで	그런데	文法編14課
～できない	못	文法編17課	登山	등산	文法編3課
ですが	하지만	文法編11課	都市	도시	文字編3課
手伝う	돕다	文法編14課	戸締り	문단속	文法編18課
出てくる	나오다	文法編17課	図書館	도서관	文法編3課
テニス	테니스	文法編3課	トッポッキ	떡볶이	文法編7課
では、それでは、じゃあ	그럼	文字編5課、文法編12課	とても、あまりにも	너무	文字編2課、文法編14課
デパート	백화점	文字編6課、文法編4課	とても	아주	文法編6課
出る	나다	文法編9課	隣	옆	文法編9課
出る、出て行く	나가다	文法編9課	隣の家	옆집	文字編8課
テレビ	티브이	文法編17課	隣部屋	옆방	文字編8課
天気	날씨	文法編9課	どの	어느	文字編2課
電車(汽車)	기차	文法編12課	トムヤンクン	똠양꿍	文法編10課
伝統	전통	文法編8課	友達	친구	文法編1課
電話	전화	文法編8課	ドライブ	드라이브	文法編3課
トイレ(化粧室)	화장실	文法編20課	ドラマ	드라마	文法編5課
どういたしまして	천만에요	文字編3課	取りに行く	찾다	文法編10課
動画	동영상	文法編4課	撮る	찍다	文法編7課

日本語	韓国語	課
取る（電話を）	받다	文法編7課
東大門市場（トンデムンシジャン）		
	동대문시장	文法編7課
どんな	어떤	文法編13課

な		
ない、いない	없다	文法編5課
〜ない（否定の副詞）	안	文法編8課
内科	내과 [내꽈]	文法編18課
長い	길다	文法編9課
流す	흘리다	文法編9課
泣く	울다	文法編7課
名古屋	나고야	文法編1課
七	칠	文字編8課
ななつ、ななつの	일곱	文法編17課
何	뭐	文字編5課
何	무엇	文法編3課
何を	뭘	文法編8課
名前	이름	文法編1課
生放送	생방송	文法編5課
南山（ナムサン・地名）	남산	文字編4課
習います	배워요	文字編5課
習う	배우다	文法編5課
なる、できる	되다	文法編20課
何ですか	뭐예요？	文字編5課
何になさいますか	뭘 드려요？	文字編5課
何の、どんな	무슨	文法編12課
二	이	文字編8課
似合う	어울리다	文法編15課
肉	고기	文字編3課
二次会	2차（이차）	文法編8課
20個、二十歳	스물	文法編17課
20の	스무	文法編17課
にせもの	가짜	文字編7課
似ている	비슷하다	文法編19課
二年生	이학년	文法編1課
日本	일본	文法編1課
入学	입학	文字編6課

ニュース	뉴스	文法編5課
入門	입문	文法編1課
人気	인기 [인끼]	文法編12課
ネギのチヂミ	파전	文法編2課
ねこ	고양이	文字編4課
寝る	자다	文字編7課、文法編11課
年末	연말	文法編14課
〜の家	〜네	文法編20課
ノート	공책	文字編6課
ノート	노트	文法編18課
〜のせいで	때문에	文法編17課
飲む	마시다	文法編4課
のりまき	김밥	文法編9課
乗る	타다	文法編8課

は		
パーセント	프로	文法編20課
パーティー	파티	文法編8課
ハーブティー	허브티	文字編5課
はい	네	文字編3課、文法編2課
俳優	배우	文字編4課、文法編16課
入る（気に入る）	들다	文法編20課
はさみ	가위	文字編6課
始まる	시작하다	文法編20課
始める	시작하다	文法編15課
初めて	처음	文字編5課、文法編6課
バス	버스	文法編8課
パスタ	파스타	文法編7課
八	팔	文字編8課
発音	발음	文法編15課
発表	발표	文法編19課
花	꽃	文字編8課、文法編7課
話	이야기	文字編4課、文法編14課
話す	얘기하다	文法編10課
母	어머니	文字編2課、文法編1課
母と娘	모녀	文字編2課
速い	빠르다	文法編19課
はやく	빨리	文法編11課

前	앞	文字編8課、文法編13課	もっと	더	文法編6課
まず、先に	먼저	文字編8課	もの	것	文法編20課
待ち合わせ場所	약속 장소	文法編20課	もらう	받다	文字編8課、文法編5課
待つ	기다리다	文法編4課	もらってください(どうぞ)	가지세요	文字編7課
マッコリ、にごり酒	막걸리	文法編9課			
待っています	기다려요	文字編3課			
窓	창문	文法編13課	や		
学ぶ	배우다	文法編8課	野外	야외	文法編17課
学んでいます	배워요	文字編6課	野外授業	야외 수업	文法編17課
万	만	文法編15課	野球	야구	文字編3課、文法編3課
マンゴーかき氷	망고 빙수	文字編5課	野球場	야구장	文法編4課
水	물	文字編4課	薬剤師	약사	文法編3課
道	길	文法編15課	約束	약속	文法編5課
道が混む	길이 막히다	文法編9課	約束場所	약속장소	文法編20課
みっつ	셋	文法編17課	夜景	야경	文法編16課
みっつの	세	文法編17課	易しい	쉽다	文法編14課
見てください	보세요	文字編3課	安い	싸다	文法編4課
みなさん	여러분	文法編17課	安いです	싸요	文字編7課
ミュージックビデオ	뮤비	文字編3課、文法編15課	休む	쉬다	文法編8課
ミョンドン(明洞・地名)	명동	文字編4課、文法編3課	やっつ、やっつの	여덟	文法編17課
見る	보다	文法編4課	やはり	역시	文法編13課
みんな	다들	文法編19課	山	산	文字編4課、文法編4課
娘	딸	文字編7課	夕方	저녁	文法編9課
難しい	어렵다	文法編6課	夕ご飯	저녁	文字編7課、文法編11課
むっつ、むっつの	여섯	文法編17課	優秀賞	우수상	文法編15課
無理	무리	文字編2課	ユーチューブ	유튜브	文法編6課
無料	무료	文字編3課	有名だ	유명하다	文法編8課
目	눈	文法編13課	ユーモア	유머	文字編2課、文法編20課
～名(尊敬語の助数詞)	～ 명	文法編19課	遊覧船	유람선	文法編16課
メール	메일	文法編13課	有料	유료	文字編2課
メガネ	안경	文法編15課	雪	눈	文法編5課
召し上がってみてください	드셔 보세요	文字編5課	雪まつり	눈 축제	文法編5課
メニュー	메뉴	文字編4課、文法編15課	ゆず茶	유자차	文法編2課
面接	면접	文法編18課	夢	꿈	文法編13課
もう一度	다시	文字編3課	よい	좋다	文字編6課、文法編6課
木曜日	목요일	復習1	ヨイナル駅(駅名)	여의나루역	文法編19課
文字	문자 [문짜]	文法編18課	要約	요약	文法編18課
もしかして	혹시	文字編3課	ヨーロッパ	유럽	文法編10課
			ヨガ	요가	文字編3課、文法編3課

文法索引

146

ひかりとシフの
どきどき韓国語

検印
廃止

© 2021 年 1 月 30 日　初 版 発 行

監　　修	都　恩　珍
著　　者	李　正　子
	金　昭　鍈

発 行 者	原　　雅　久
発 行 所	株式会社　朝 日 出 版 社

101-0065 東京都千代田区西神田 3 − 3 − 5
電話 (03) 3239-0271・72 (直通)
振替口座　東京　00140-2-46008
http://www.asahipress.com/
倉敷印刷

乱丁，落丁本はお取り替えいたします
ISBN978-4-255-55680-2 C1087